Allgemeine Volkswirtschaftspolitik

von

Dr. Hans Ohm
o. Prof. an der Universität Würzburg

Band 1
Systematisch-theoretische Grundlagen

4. verb. und ergänzte Auflage
Mit 8 Abbildungen

Sammlung Göschen Band 4195

Walter de Gruyter
Berlin · New York · 1972

Band I: Systematisch-theoretische Grundlagen

Band II: Der volkswirtschaftliche Gesamtorganismus als Objekt der Wirtschaftspolitik

Satz und Druck: Verlagsdruckerei E. Rieder, Schrobenhausen.
Printed in Germany.

ISBN 3 11 003901 X

Vorwort

Die vierte Auflage der Volkswirtschaftspolitik erscheint dank der verdienstvollen Bemühungen des Verlags in einer neuen Form, die begrüßenswerterweise manche Beschränkungen der vorhergehenden Auflagen beseitigt, darunter auch die Aufnahme eines Vorwortes. Der Verfasser hat diesen Mangel immer lebhaft empfunden, insbesondere deshalb, weil auf die wertvolle Kritik ebenso wie auf die Anregungen von Fachkollegen, wissenschaftlichen Mitarbeitern und Studenten nicht eingegangen werden konnte. Es ist mir deshalb ein wichtiges Anliegen, den Dank für diese vielseitige Förderung des vorliegenden Werkes endlich nachzuholen, wobei die so wichtigen und vielfältigen Hilfeleistungen meiner derzeitigen und früheren Assistenten, insbesondere der Herren Dr. Udo Müller, Dipl. rer. pol. Breitenstein, Vollert und Pöhlmann sowie weiterer Mitarbeiter beim Korrekturlesen, der Erstellung der Register, der Anfertigung von Diagrammen usw. besonders hervorzuheben sind.

Mein Dank gilt aber auch und nicht zuletzt den Lesern, deren liebenswürdiges Interesse den Erfolg der zugrundeliegenden Neukonzeption einer *Allgemeinen* Volkswirtschaftspolitik in Abgrenzung zu den Disziplinen der *Speziellen* Volkswirtschaftspolitik ermöglicht hat. Zum Zeitpunkt der Bearbeitung und des Erscheinens der ersten Auflage war dieses Unternehmen durchaus noch ein Wagnis mit vielerlei Zweifeln und Bedenken ob des eingeschlagenen Weges; um so mehr freut es den Autor feststellen zu können, daß sich diese Konzeption inzwischen im deutschsprachigen Bereich generell und voll durchgesetzt hat.

Auch nach den Korrekturen und Erweiterungen in den vorangegangenen Auflagen sowie in der vorliegenden

Neuauflage hat das Werk seinen *einführenden* Charakter nicht geändert. Diesem Umstand ist nunmehr auch deutlich durch die Titeländerung Rechnung getragen worden, durch die es in Anlehnung an die Reform der Prüfungsordnungen und Studienpläne als „Grundriß" ausdrücklich ausgewiesen ist. Nach wie vor ist es damit in erster Linie für diejenigen Leser angelegt, die sich einen ersten und umfassenden Überblick über das Gebiet unter Aussparung vieler Einzelprobleme und Detailfragen sowie kontroverser Lehrmeinungen verschaffen wollen. Das besagt nun allerdings nicht, daß Vorkenntnisse auf dem Gebiet der Volkswirtschaftstheorie nicht nützlich sein können, zumal da der Verfasser den Stoff wegen des beschränkten Umfanges mit ständigem Zwang zur Konzentration abhandeln mußte. Um auch dem nicht entsprechend vorgebildeten Leser den Zugang zu erleichtern, sind zwar immer wieder theoretische Erörterungen eingearbeitet worden, jedoch auch diese nur in stark zusammengedrängter Form. Zur Ergänzung und Vertiefung des Studiums ebenso wie zur Beschäftigung mit anderen Lehrmeinungen sei deshalb auf das umfangreiche, nach Abschnitten gegliederte Literaturverzeichnis im Anhang verwiesen, mit dem selbstverständlich kein Anspruch auf bibliographische Vollständigkeit erhoben werden soll.

Würzburg, Dezember 1971

Prof. Dr. H. Ohm

Inhaltsverzeichnis

1. Objekt, Methode und Aufgaben der Lehre von der Allgemeinen Volkswirtschaftspolitik 7
1.1. Das Darstellungsobjekt und seine Abgrenzung . 7
1.2. Wirtschaftspolitik und Wirtschaften 11
1.3. Praktische und wissenschaftliche Wirtschaftspolitik 19
1.4. Die Aufgaben der wissenschaftlichen Wirtschaftspolitik 21
1.5. Wirtschaftstheorie und Wirtschaftspolitik 22

2. Die Objektivität der wissenschaftlichen wirtschaftspolitischen Aussage 28
2.1. Die Werturteilsproblematik 28
2.2. Wertneutralität und Objektivität der teleologischen Aussage 34

3. Die Träger der praktischen Wirtschaftspolitik . . . 38
3.1. Phasen und Subjekte der Wirtschaftspolitik . . . 38
3.2. Entscheidungsträgerschaft in zentralisierten und dezentralisierten wirtschaftspolitischen Systemen . . 42
3.3. Koordination bei Vielzahl von Trägern 48

4. Die Situationsanalyse 51
4.1. Gegenwart 51
4.2. Vergangenheit 54
4.3. Prognose 56
4.4. Grenzen der Situationsanalyse 60

5. Die Zielproblematik 62
5.1. Präferenzen und Ziele 62
5.2. Arten von Zielen 65
5.3. Das Zuordnungsverhältnis der Ziele 74

6. Die Mittel 88
6.1. Die Problematik der Mittelwahl 88
6.2. Mikro-ökonomische Ansatzpunkte 93
6.3. Qualitative und quantitative Instrumente 99
6.4. Autonome und nicht-autonome Instrumente . . . 104
6.5. Eignung und Wirkungsgrad der Instrumente . . 106

7. Die Systemkonformität der Instrumente 119
7.1. Systemkonformität und Ordnungskonformität . . 119
7.2. Formale und materiale Konformität 125

7.3. Die ordnungspolitische Elastizität von Wirtschaftssystemen 128
7.4. Die Konformitätsgrade 130

8. Konzeptionen, Methoden und Strategien der Wirtschaftspolitik 135
8.1. Die wirtschaftspolitische Konzeption als Leitbild wirtschaftspolitischen Handelns 135
8.2. Methoden der Wirtschaftspolitik 144
8.3. Planungs- und Entscheidungstechniken, Wirtschaftspolitische Strategien 153

Literaturverzeichnis 163

Namenverzeichnis 173

Sachverzeichnis 175

1. Objekt, Methode und Aufgaben der Lehre von der Allgemeinen Volkswirtschaftspolitik

1.1 Das Darstellungsobjekt und seine Abgrenzung

Die *Allgemeine Volkswirtschaftspolitik* verdankt als Teildisziplin der Volkswirtschaftslehre ihre Entstehung dem Spezialisierungs- und Differenzierungsprozeß, dem die Volkswirtschaftslehre als vergleichsweise junge Wissenschaft in besonders starkem Maße unterworfen ist. Präziser formuliert bietet sich der Gegenstand unserer Darstellung als eine Disziplin der Volkswirtschaftslehre dar, die durch Ausgliederung bzw. Abspaltung aus dem umfassenderen Gebiet der Lehre von der Volkswirtschaftspolitik — der Speziellen Volkswirtschaftslehre in der auf *Rau* zurückgehenden traditionellen Bezeichnung — erst im Laufe der letzten Dezennien unseres Jahrhunderts verselbständigt wurde. Es versteht sich von selbst, daß die Lehre von der Allgemeinen Volkswirtschaftspolitik als eine der jüngsten Teildisziplinen der Volkswirtschaftslehre noch nicht ihre endgültige Form nach Methode und Inhalt gefunden haben kann. Auf der anderen Seite hat das Gebiet aber doch — auch in der Lehrbuchliteratur und in den Vorlesungen — soweit Form und Gehalt angenommen, daß seine gesonderte Darstellung als zweckmäßig und wünschenswert erscheint. Ein Blick in das Literaturverzeichnis zu diesem Kapitel am Ende des Bandes, dem wir die wichtigste Lehrbuchliteratur seit dem 1. Weltkrieg eingegliedert haben, wird diese Auffassung bestätigt finden.

Der aufmerksame Leser wird bei dieser Übersicht feststellen, daß im wissenschaftlichen Sprachgebrauch in der Regel anstelle des von uns bisher benutzten Begriffes „Volkswirtschaftspolitik" die sprachlich einfachere Bezeichnung „Wirtschaftspolitik" verwendet wird, womit der umgangssprachlichen Übung Rechnung getragen wird. Aus diesem Grunde werden wir in der Folge die Begriffe synonym verwenden, soweit der Kontext Mißverständnisse ausschließt, die sich insbesondere aus der Abgrenzungsnotwendigkeit der Wirtschaftspolitik als Teilbereich der Volkswirtschaftslehre einerseits und der Betriebswirtschaftslehre andrerseits ergibt. (Vgl. hierzu die Ausführungen S. 13 ff.).

Die angedeutete wissenschaftliche Entwicklung hat so — vorläufig im wesentlichen auf den deutschsprachigen Raum beschränkt — dazu geführt, daß die Lehre von der Wirtschaftspolitik sich in die beiden Teildisziplinen *Allgemeine* und *Spezielle Volkswirtschaftspolitik aufgliedert.* Damit ergibt sich ein *Abgrenzungs- und Zuordnungsproblem* zwischen diesen beiden Disziplinen, auf das wir mit wenigen Sätzen eingehen wollen, weil auf diese Weise auch gleichzeitig unser Darstellungsobjekt näher charakterisiert werden kann.

Das *Zuordnungsverhältnis* zwischen Allgemeiner und Spezieller Volkswirtschaftspolitik gleicht dem Verhältnis zwischen Grundlagenwissenschaft und angewandter Disziplin, das wir aus allen übrigen Wissensgebieten auch kennen: in der Allgemeinen Volkswirtschaftspolitik werden demgemäß die Einsichten und Erkenntnisse systematisch zusammengefaßt, auf denen die Spezialdisziplinen der Volkswirtschaftspolitik, wie beispielsweise Agrarpolitik, Gewerbe- und Industriepolitik, Binnenhandelspolitik, Verkehrspolitik u. a. m. aufbauen. Sie stellt (neben der Wirtschaftstheorie) die erkenntnismäßigen Grundlagen für diese Spezialdisziplinen bereit und wird wegen dieser Funktion deshalb auch zuweilen als „Theorie der Wirtschaftspolitik" (Seraphim) bezeichnet. Diese Formulierung präzisiert das Zuordnungsverhältnis zwischen den beiden Teildisziplinen in ähnlichem Sinne, wie wir es gerade dargelegt haben.

Der Zusatz „Allgemein" in der Bezeichnung der Teildisziplin, mit der wir uns hier beschäftigen wollen, kann aber noch in einem anderen als in dem gerade beschriebenen Sinne gebraucht werden. Hiernach ist die Allgemeine Volkswirtschaftspolitik nicht nur *Grundlagenwissenschaft* für die oben erwähnten Spezialdisziplinen der Volkswirtschaftspolitik, sondern sie ergänzt diese Spezialdisziplinen auch hinsichtlich desjenigen wirtschaftspolitischen Handelns, das die Volkswirtschaft in ihrer *Ganzheit* zu beeinflussen und zu gestalten versucht. Ihr Untersuchungsobjekt ist insofern umfassender als bei den Spezialdisziplinen der Volkswirtschaftspolitik, die nur *bestimmte Ausschnitte* aus dem wirtschaftlichen und wirtschaftspolitischen Geschehen behandeln. Die Ausschnittsbildung erfolgt dabei traditionellerweise nach *Sektoren* oder Wirtschaftsbereichen, wie Landwirtschaft, Geld- und Versicherungswesen, Verkehrswesen usw. mit der Folge, daß jeweils nur derjenige Teilbereich der Wirtschaftspolitik zur Darstellung und Behandlung gelangt, der dem korrespondierenden Wirtschaftszweig zugeordnet werden kann. Dementsprechend wird im wissenschaftlichen Sprachgebrauch die Spezielle Volkswirtschaftspolitik häufig als *Sektoralpolitik* oder *Partialpolitik* (auch *Mesopolitik* nach *Pütz*) bezeichnet.

Die Allgemeine Volkswirtschaftspolitik ist nun gerade durch den bewußten Verzicht auf diese *Partialbetrachtung* gekennzeichnet. Nicht zuletzt auch deshalb, weil diese Art der Betrachtung wegen der weitgehenden *Interdependenz* allen Geschehens in einer Volkswirtschaft zu leicht der Gefahr der Unvollständigkeit und Einseitigkeit ausgesetzt ist. Die mit der Partialbetrachtung notwendigerweise einhergehende Verengung des Blickfeldes schränkt die Aussagekraft der Untersuchungsergebnisse mehr oder weniger stark ein. Dieser Mangel tritt bei der Allgemeinen Volkswirtschaftspolitik — die ja als *Totalbetrachtung* in Gesamtzusammenhängen denkt und deshalb diese Interdependenzen berücksichtigen kann — nicht auf. Ihr Blick ist auf das Ganze der Volkswirtschaft gerichtet, und das bedeutet, daß in ihre Kompetenz diejenigen Gebiete der Volkswirtschaftspolitik fallen, bei denen auch schon bisher das sektorale Gliederungsprinzip unberücksichtigt blieb, wie beispielsweise: Konjunktur- und Beschäftigungspolitik, Wachstums- und Entwicklungspolitik, Wirtschaftsordnungspolitik, Raumordnungspolitik u. a. m. Das Untersuchungsobjekt dieser Gebiete der Volkswirtschaftspolitik war auch nach bisheriger Übung bereits der Gesamtorganismus der Volkswirtschaft, so daß sie sich zwanglos in die Allgemeine Volkswirtschaftspolitik einfügen. In diesem letzten Zusammenhang ist die Allgemeine Volkswirtschaftspolitik also als diejenige Disziplin zu verstehen, in der diejenigen Aufgabenbereiche der Volkswirtschaftspolitik zusammengefaßt werden, deren Untersuchungsobjekt nicht ein bestimmter Wirtschaftszweig, sondern die gesamte Volkswirtschaft ist. In Anlehnung an die Volkswirtschaftstheorie wird sie im wissenschaftlichen Sprachgebrauch deshalb auch häufig als *Makropolitik* (Globalpolitik, Totalpolitik) bezeichnet und der *Mikropolitik* bzw. *Mesopolitik* kontrastierend gegenübergestellt.

Aus dieser zweifachen Aufgabenstellung der Allgemeinen Volkswirtschaftspolitik ergibt sich auch gleichzeitig ihre Zweiteilung in einen mehr *formalen* und einen *materiellen* Teil, die wir hinsichtlich des Aufbaus unserer Darstellung vornehmen wollen. Im vorliegenden ersten Band werden wir die Allgemeine Volkswirtschaftspolitik in ihrer Aufgabenstellung als *Grundlagenwissenschaft* für die auf ihr aufbauenden Spezialdisziplinen der Volkswirtschaftspolitik, d. h. in ihrem mehr formalen Aspekt, behandeln. Im zweiten Band folgt dann die Darstellung des materiellen Teils der Allgemeinen Volkswirtschaftspolitik, der selbstverständlich ebenso wie die Spezialdisziplinen der

Volkswirtschaftspolitik auf dem formalen Teil der Allgemeinen Volkswirtschaftspolitik aufbaut.

1.2 Wirtschaftspolitik und Wirtschaften

Das Untersuchungsobjekt der Lehre von der Allgemeinen Volkswirtschaftspolitik ist ein bestimmter Ausschnitt aus der Politik, den wir in Übereinstimmung mit dem allgemeinen Sprachgebrauch als Wirtschaftspolitik bezeichnen. Leider wird jedoch der letzte Begriff mehrdeutig verwendet, so daß wir gehalten sind, uns näher mit ihm zu beschäftigen und die Frage stellen müssen, was wir für die Zwecke unserer Darstellung unter Wirtschaftspolitik zu verstehen haben.

In einer ersten Annäherung können wir als Wirtschaftspolitik die bewußte und geplante Beeinflussung desjenigen Kulturbereichs der Gesellschaft bezeichnen, den wir als die „Wirtschaft" gedanklich aus der Ganzheit Kultur herausschneiden, wobei das *Motiv* dieser Beeinflussung die Verbesserung der gesellschaftswirtschaftlichen Verhältnisse ist.

Diese Beeinflussung der „Wirtschaft" erfolgt durch *instrumental oder technisch* besonders geartete wirtschaftspolitische Handlungen. Zwecks Vermeidung von Mißverständnissen dürfen diese *wirtschaftspolitischen Handlungen* nicht mit dem *wirtschaftlichen* Handeln selbst verwechselt werden. Die Summe dieser wirtschaftlichen Handlungen ist nämlich das materielle Substrat dessen, was wir mit der „Wirtschaft" innerhalb der Gesellschaft, d. h. der Gesellschafts- oder Volkswirtschaft, bezeichnen. In einer modernen, arbeitsteiligen *Marktwirtschaft* sind an dieser „Wirtschaft" eine Vielzahl von Wirtschaftssubjekten gestaltend beteiligt. Sie stellen Wirtschaftspläne mit bestimmten Planzielen auf und vollziehen diese Pläne. Wir bezeichnen die damit zusammenhängende Tätigkeit auch als „Wirtschaftsaktivität", „wirtschaftliche Aktivität" oder einfach auch als „Wirtschaften", das nach dem gerade Gesagten *Objekt* der Wirtschaftspolitik ist.

Formal kann daher auch das Wirtschaften als Aufstellung und Vollzug von Wirtschaftsplänen definiert werden. Unter Berücksichtigung dessen, daß wir die Wirtschaftspolitik als die Beeinflussung des „Wirtschaftens" konzipiert haben, können wir nun genauer die Wirtschaftspolitik als eine bestimmte und im Folgenden noch näher beschriebene Aktivität definieren, durch die von seiten des Staates oder Privater vorzugsweise *die Aufstellung und der Vollzug von Wirtschaftsplänen beeinflußt, gelenkt oder kontrolliert werden sollen,* wobei im Falle der Privaten die Zielsetzung der Aktivität *über den ökonomischen Interessenbereich* des Handelnden hinausreicht oder überhaupt keine Berührungspunkte mit ihm hat; die öffentliche Hand kann daneben ergänzend die Wirtschaft ohne den „Umweg" über die Beeinflussung der privaten Wirtschaftspläne „direkt" durch ihre *eigenwirtschaftliche Betätigung,* ihre *administrative Tätigkeit* oder *fiskalische Aktivität* (Ausgaben für Güter und Dienste, Transferzahlungen und Subventionen, Steuern, Anleihen) gestalten, wobei auch hier die jeweiligen administrativen, fiskalischen und sonstigen Interessen ganz oder teilweise durch *gesellschaftswirtschaftliche* Motivationen ersetzt bzw. ergänzt werden.

Diese spezifische Zwecksetzung ist nicht nur erforderlich, um die Wirtschaftspolitik von der übrigen Politik abgrenzen zu können, sondern auch um die weiter unten zu behandelnde *Interdependenzproblematik* aus der wirtschaftspolitischen Aktivität ausklammern zu können. In das Wirtschaften greift auch die übrige Politik ein, so daß eine Beeinflussung von Wirtschaftsplänen und ihrem Vollzug auch durch solche nicht-wirtschaftspolitischen Maßnahmen beabsichtigterweise erfolgen kann und auch tatsächlich erfolgt. Der Sachverhalt, daß durch diese Maßnahmen *andere* als ökonomische Zielsetzungen angestrebt werden, gestattet es uns jedoch, sie als nicht zu unserem Untersuchungsobjekt gehörig auszuscheiden. Was wir genau und konkret in diesem Zusammenhang unter nicht-ökonomischen Zielsetzungen zu verstehen haben, wird aus dem folgenden Beispiel, das der Veranschaulichung unserer Argumentation dienen soll, deutlich werden. Als Demonstrationsobjekt wählen wir die öffentliche Gesundheitspolitik. Durch bestimmte gewerbepolizeiliche Maßnahmen bzw. solche des Unfallschutzes werden zwar auch Aufstellung und Vollzug von Wirtschaftsplänen absichtlich beeinflußt. Diese Beeinflussung erfolgt aber nicht im Hinblick auf ökonomische Zielsetzungen, sondern zwecks Schutz und Erhaltung der Volksgesundheit, d. h. nichtökonomischer Zielsetzungen wegen.

Prüfen wir unsere Definition der Wirtschaftspolitik etwas näher, so ist nicht zu übersehen, daß sie vom allgemeinen Sprachgebrauch abweicht, der ja auch bestimmte Aspekte des Wirtschaftens selbst als „Wirtschaftspolitik" bezeichnet; so etwa, wenn von der „Wirtschaftspolitik", der „Preispolitik", der „Investitionspolitik" usw. von Großunternehmungen die Rede ist. Noch häufiger sind solche oder ähnliche Redewendungen, wie etwa die von der Wirtschaftspolitik, im Falle von wirtschaftlichen Zusammenschlüssen, in denen sich die Wirtschaftssubjekte zwecks erfolgreicheren Wirtschaftens zusammenfinden, die wir auch als *Marktverbände* bezeichnen (Gewerkschaften, Arbeitgeberverbände, Genossenschaften u. a. m.). Diese häufig auf Mißverständnissen beruhende Formulierung in der Alltagssprache ist deshalb verständlich, weil für den Laien nicht ohne weiteres durchsichtig ist, daß in bezug auf unser Thema unter dem Begriff des Wirtschaftsverbandes sehr heterogene Gebilde zusammengefaßt werden. So fällt es dem Laien schwer, zwischen der *wirtschaftlichen* und *wirtschaftspolitischen* Aktivität der Wirtschaftsverbände zu unterscheiden. Es gibt Verbände, die sich nur in der einen *oder* anderen Richtung betätigen; daneben kennen wir aber auch andere, die auf beiden Gebieten gleichzeitig tätig sind.

Daß in Verbänden gewirtschaftet werden kann, d. h. in gegenseitiger Abstimmung durch die Mitglieder Wirtschaftspläne aufgestellt und durchgeführt werden können, wissen wir aus der Alltagsanschauung; soweit diese *gemeinsame* wirtschaftliche Aktivität in Frage steht, würde man diese Zusammenschlüsse besser als *wirtschaftende* Verbände bezeichnen. Wie aus unseren späteren Ausführungen deutlicher hervorgehen wird, können die Verbände sich aber auch wirtschaftspolitisch betätigen, d. h. mit wirtschaftspolitischen Zielsetzungen. In dieser Beziehung stellen sich uns die Wirtschaftsverbände als *wirtschaftspolitische Verbände* dar, und obwohl in der Empirie viele von ihnen gleichzeitig sowohl in der einen wie in der anderen Richtung tätig werden, tun wir in wissenschaftlichen Untersuchungen doch gut daran, die wirtschaftliche von der wirtschaftspolitischen Aktivität dieser Verbände gedanklich scharf zu trennen.

Beispiele für Marktverbände, die sich auch gleichzeitig wirtschaftspolitisch betätigen, können wir der Gewerkschaftsbewegung sowie dem Genossenschaftswesen entnehmen. Wenn die Gewerkschaften ihren Mitgliedern bzw. allen Konsumenten empfehlen, gegenüber bestimmten Waren oder Produkten in Käuferstreik zu treten, so handeln sie nicht in ihrer Eigenschaft als (kollektives) Wirtschaftssubjekt am Arbeitsmarkt, sondern wirtschaftspolitisch, d. h. sie beeinflussen durch diese Aufforderung Verbrauchswirtschaftspläne. Ebenso betreiben die Konsumgenossenschaften Wirtschaftspolitik, wenn sie durch Erklärungen oder sonstigen Maßnahmen Einfluß auf die Investitionspläne der Unternehmer, die Sparpläne der privaten Haushalte usw. nehmen.

Ausschließlich wirtschaftspolitisch schließlich können sich nur diejenigen Wirtschaftsverbände betätigen, denen nach Struktur und Aufgabenstellung jede wirtschaftliche Betätigung untersagt bzw. unmöglich ist und sei es auch nur in der Form der gegenseitigen und gemeinschaftlichen Abstimmung der Wirtschaftspläne ihrer Mitglieder, wie dies in manchen *Berufs- und Standesverbänden* der Fall ist. So etwa, wenn die Bauernverbände ihren Mitgliedern Zurückhaltung bei der Aufnahme von Krediten empfehlen, die Industrieverbände auf die Kreditpolitik der Banken oder die Investitionsprogramme des Staates Einfluß nehmen, die Tarifgestaltung der Verkehrsträger durch entsprechende Einwirkung auf letztere selbst mitzugestalten suchen usw.

Mit unserer vorstehend entwickelten Definition, wonach Wirtschaftspolitik die gezielte Gestaltung der Wirtschaft mittels spezifischer Maßnahmen und auf eine spezielle Zielsetzung hin ist, können wir die Trennung von Wirtschaften und Wirtschaftspolitik auch für alle praktischen Zwecke mit hinreichender Klarheit durchführen, wenngleich für Grenzfälle die Übergänge zwischen beiden Aktivitäten fließend sind. Die zuletzt angedeuteten Schwierigkeiten gehen teilweise auf den Umstand zurück, daß durch wirtschaftliches Handeln einzelner Gruppen von Wirtschaftssubjekten das Wirtschaften *anderer* Wirtschaftssubjekte beeinflußt wird. Diese gegenseitige Beeinflussung der Wirtschaftspläne folgt aus der *Interdependenz* des wirtschaftlichen Geschehens in einer Gesellschaftswirtschaft. Wir können die aus dieser Interdependenz resultierenden Schwierigkeiten für eine begrifflich klare Fixierung der Wirtschaftspolitik aber dadurch weitgehend ausräumen, daß wir jegliche Beeinflussung von Wirtschaftsplänen aus dem Begriff der Wirtschaftspolitik ausschließen, *die nur Ausfluß der wirtschaftlichen Aktivität* von Wirtschaftssubjekten ist, deren Planziele ausschließlich an der Wahrung und

Förderung des *eigenen ökonomischen Interesses* orientiert sind, was als Regelfall gelten kann. Negativ formuliert würde also in der Regel und von Ausnahmen abgesehen diejenige Beeinflussung von Wirtschaftsplänen keine Wirtschaftspolitik darstellen, die durch *wirtschaftliche Handlungen* selbst erfolgt, d. h. durch Aufstellung und Vollzug von Wirtschaftsplänen. In der Literatur ist in diesem Zusammenhang auch der Begriff der „Makrodezisionen" vorgeschlagen worden, mit dem *Gruppenentscheidungen* bei Aufstellung und Vollzug von Wirtschaftsplänen gemeint sind, die wegen ihres makroökonomischen Charakters wichtige Daten für die praktische Wirtschaftspolitik setzen und daher hohe wirtschaftspolitische Relevanz besitzen. Der Hinweis auf die Lohnfixierung durch die Tarifparteien oder auf die Preisfixierung durch Kartelle kann beispielhaft die Zusammenhänge verdeutlichen.

Allerdings darf auch bei den Makrodezisionen die wirtschaftspolitische Relevanz nicht mit der *Interdependenzproblematik* gleichgesetzt werden, die ein gesellschaftswirtschaftliches Phänomen darstellt und die einer der Gründe dafür ist, zwischen wirtschaftlicher und wirtschaftspolitischer Aktivität zu unterscheiden mit der Folge, die Wirtschaftspolitik als eine spezifische Aktivität zu definieren. Was mit der Interdependenzproblematik inhaltlich gemeint ist, sei an einem einfachen Beispiel demonstriert: Die Beeinflussung der Wirtschaftspläne der Abnehmer einer Wirtschaftsstufe durch die Änderung der Preise der liefernden Stufe ist keine Wirtschaftspolitik, sondern den zwischengesellschaftlichen Ausstrahlungen des Wirtschaftens zuzurechnen, falls die Preisänderung ausschließlich als Maßnahme zur Wahrung des ökonomischen Interesses der liefernden Stufe intendiert war. Daß solche Auswirkungen erst recht nicht in die Wirtschaftspolitik einzubeziehen sind, wenn sie *nicht beabsichtigt* sind, ergibt sich notwendigerweise aus der *Zielbezogenheit* jeder Politik. Diese Zielbezogenheit stellt nämlich ein konstitutives Element des Begriffes der Politik dar, ebenso wie die *Situationsgebundenheit* und die *Mittelwahl*. Die Problemstellungen der Wirtschaftspolitik können gut nach diesen drei konstitutiven Elementen: der *Situation*, dem *Ziel* und den *Mitteln*, die auf dieses Ziel unter Berücksichtigung der Situation hinführen, gegliedert werden, wie dies ähnlich in unserer Untersuchung geschieht.

Es versteht sich von selbst, daß die wirtschaftspolitischen Maßnahmen, die in ihrer Gesamtheit die Wirtschaftspolitik ausmachen, eines „Adressaten" bedürfen und ebenso, daß sie von einem „Absender" bewirkt werden müssen. In der Literatur werden die letzteren auch zuweilen als „Träger" oder „Organe" bzw. „Subjekte" der Wirtschaftspolitik bezeichnet, während es sich bei den ersteren um die Wirtschaftssubjekte handelt, deren Wirtschaften beeinflußt werden soll. Dieser Sachverhalt selbst bedarf keiner weiteren Erläuterungen; hinzuweisen ist dagegen darauf, daß es sich im Verhältnis von Organ und Adressaten um *verschiedene* Gebilde oder Gruppen von Gebilden handeln kann, wie dies bereits an einigen der zuletzt zitierten Beispiele deutlich wurde. Für die wirtschaftspolitischen Verbände haben wir deshalb zu folgern, daß durch ihre wirtschaftspolitischen Maßnahmen auch das wirtschaftliche Handeln von Wirtschaftssubjekten beeinflußt werden kann, die *nicht* Mitglieder des Verbandes sind.

Die geschilderte Interdependenzproblematik spielt nun verständlicherweise für die Unterscheidung zwischen wirtschaftlicher und wirtschaftspolitischer Aktivität dann keine Rolle, wenn sich die Wirtschaftspolitik *nicht* der Technik der *Beeinflussung* von Wirtschaftsplänen bedient, sondern durch *eigenwirtschaftliche* Aktivität der öffentlichen Hand wirtschaftspolitische Zielsetzungen zu realisieren versucht; durch *wirtschaftspolitische Orientierung* und entsprechende Gestaltung der *eigenen Wirtschaftspläne* betreibt die öffentliche Hand also Wirtschaftspolitik. Beispiele sind etwa die Drosselung der Investitionen in öffentlichen Unternehmen, um das Investitionsvolumen gesamtwirtschaftlich zu dämpfen, Tarifsenkungen staatlicher Verkehrsbetriebe zwecks Verringerung der Transportkosten, die Senkung der Energietarife öffentlicher Energieunternehmen zwecks Förderung der Industrialisierung oder die Errichtung bzw. der Betrieb von öffentlichen Unternehmen zwecks Erhaltung bzw. Intensivierung des Wettbewerbs an bestimmten Märkten. All diesen Beispielen ist gemeinsam, daß in den Zielfunktionen der öffentlichen Betriebe und Unternehmungen *wirtschaftspolitische* Zielsetzungen dominant sind, die einer marktwirtschaftlichen, rentabilitätsorientierten Unternehmensverfassung fremd sind und ebenso dem fiskalischen Interesse der öffentlichen Hand zuwiderlaufen.

Die Wirtschaftspläne, um die es in diesem Zusammenhang geht, betreffen die wirtschaftliche Betätigung der öffentlichen Hand in Produktion, Zirkulation und Konsumtion, und sind deshalb sorgfältig von den *Haushaltsplänen* der öffentlichen Hand, die ja auch Wirtschaftspläne im weiteren Sinne sind, und von den Kosten- bzw. Finanzierungsplänen zu unterscheiden, die für die Vorbereitung, Verabschiedung und Durchführung wirtschaftspolitischer Maßnahmen und Programme erforderlich sind. Auch die Wirtschaftspolitik unterliegt ja dem Rationalprinzip in dem Sinne, daß die Maßnahmen und Programme mit den geringst möglichen Kosten bei gegebenem Nutzen durchzuführen sind. Wir verweisen in diesem Zusammenhang auf unsere Ausführungen zur Cost-Benefit-Analyse in Kapitel 8.

Wirtschaftlichkeitsüberlegungen ähnlicher Art bei entsprechender Planung hat schließlich die öffentliche Hand auch für ihre *administrativen* Funktionen zu entwickeln, wobei die administrative Tätigkeit in Zusammenhang mit der staatlichen Wirtschaftspolitik in der Neuzeit zunehmend an Gewicht gewonnen hat. Der hier interessierende maßgebliche Aspekt ist die Rolle des Staates als Produzent von *Gemeinschaftsdiensten* und *Gemeinschaftseinrichtungen* (Öffentliche Güter), die durch die administrative Aktivität der öffentlichen Hand bereitgestellt werden. In dieser administrativen Tätigkeit des Staates haben wir also einen weiteren Aktivitätsbereich, in dem die öffentliche Hand *direkt* wirtschaftspolitisch tätig werden kann: durch Art, Umfang und Zusammensetzung der öffentlichen Güter ebenso wie durch ihre räumliche, zeitliche und personelle Bereitstellung. Als wichtigstes Beispiel kann die staatliche Infrastrukturpolitik für diesen wirtschaftspolitischen Aktivitätsbereich des Staates angeführt werden.

Wir haben damit unsere Definition der Wirtschaftspolitik soweit präzisiert und erläutert, wie dies zur Ausräumung von vermeidbaren Mißverständnissen erforderlich und mit Rücksicht auf ihre praktische Verwendbarkeit in unseren folgenden Ausführungen geboten erschien. Aus methodologischen Gründen sind wir dabei von einer Definition ausgegangen, die weitgehend auf die Verhältnisse in marktwirtschaftlichen Wirtschaftsordnungen zugeschnitten ist. Wir tragen dabei unserem Vorhaben Rechnung, unsere Darstellung auf die Wirtschaftspolitik in *marktwirtschaftlichen* oder überwiegend marktwirtschaftlichen Systemen zu begrenzen; abgesehen von allen anderen Gesichtspunkten machten Raumgründe eine solche Beschränkung unumgänglich.

1.3 Praktische und wissenschaftliche Wirtschaftspolitik

Wie jede Erfahrungswissenschaft — und die Lehre von der Volkswirtschaftspolitik ist als Teildisziplin der Nationalökonomie notwendigerweise Erfahrungswissenschaft — basiert die wissenschaftliche Wirtschaftspolitik auf einem bestimmten *Erfahrungsobjekt,* das ihr das Anschauungsmaterial und die Problemstellungen liefert.

Dieses Erfahrungsobjekt der wissenschaftlichen Wirtschaftspolitik ist im weiteren Sinne die Volkswirtschaft, im engeren Sinne dagegen die wirtschaftspolitische Aktvität in dem gerade dargelegten Sinne, durch die die Volkswirtschaft und damit das *gesellschaftliche* Wirtschaften beeinflußt wird bzw. werden soll. Dieses in der wirtschaftlichen Wirklichkeit stattfindende wirtschaftspolitische Handeln wollen wir zwecks Vermeidung von Mißverständnissen als *praktische* Wirtschaftspolitik bezeichnen, wenngleich auch im wissenschaftlichen Sprachgebrauch sowohl für das Erfahrungsobjekt wie auch für die auf ihm aufbauende wissenschaftliche Disziplin häufig die gleiche Bezeichnung — nämlich Wirtschaftspolitik — verwendet wird.

Aus dieser Übung können sich Mißverständnisse in der Öffentlichkeit hinsichtlich der Aufgaben der wissenschaftlichen Wirtschaftspolitik wie auch der Funktion der Wissenschaftler ergeben, die sich mit der Disziplin beschäftigen. Da wir anschließend des näheren auf die Aufgaben der wissenschaftlichen Wirtschaftspolitik eingehen werden, sei in diesem Zusammenhang nur darauf hingewiesen, daß die wissenschaftliche Beschäftigung mit der Wirtschaftspolitik und das Engagement in der praktischen Wirtschaftspolitik als Wirtschaftspolitiker zwei sehr verschiedene Tätigkeiten darstellen, die unterschiedliche Eignungen, Erfahrungen, Ausbildung, Anforderungen usw. an die Persönlichkeit stellen. Beide Tätigkeiten verlangen spezifische Persönlichkeitstypen und relativ selten finden wir beide Typen in einer Person vereint.

Praktische Wirtschaftspolitik und wissenschaftliche Wirtschaftspolitik stehen also zueinander im Verhältnis von Erfahrungsobjekt und auf ihm basierender wissenschaftlicher Disziplin. Bedingt durch das Erkenntnisziel oder -interesse des Wissenschaftlers wird dieses Erfahrungsobjekt in wissenschaftlicher Sicht in ein „Erkenntnisobjekt" umgewandelt, d. h. das empirische Material wird nach heuristisch-systematischen Gesichtspunkten ausgewählt, geordnet und auf das spezifisch Wirtschaftspolitische hin reduziert; diese Umformung des Erfahrungsobjektes in der Hand des Wissenschaftlers in das Erkenntnisobjekt impliziert notwendigerweise eine bestimmte Entfernung von der Realität, so daß auch die Lehre von der Wirtschaftspolitik eine abstrakte und abstrahierende Disziplin ist.

1.4 Die Aufgaben der wissenschaftlichen Wirtschaftspolitik

Allerdings kann ihr Abstraktionsgrad in der Regel *niedriger* gehalten werden als der in anderen Disziplinen der Volkswirtschaftslehre, insbesondere in der Volkswirtschaftstheorie. Dieses geringere Abstraktionsniveau ist deshalb erforderlich und zweckmäßig, weil die Ergebnisse der wissenschaftlichen Wirtschaftspolitik ja auf die Wirklichkeit angewendet werden sollen. Diese Anwendbarkeit der Ergebnisse ist zwar auch von der Volkswirtschaftstheorie zu fordern, jedoch nur in einem sehr viel weniger strengen und mittelbaren Sinne als von der Volkswirtschaftspolitik. Daher die Forderung der größeren Wirklichkeitsnähe an die Wirtschaftspolitik, die die Anwendungsmöglichkeit der Forschungsergebnisse auf die Wirklichkeit der praktischen Wirtschaftspolitik vergrößert. Die praktische Wirtschaftspolitik wiederum wird dadurch instandgesetzt, ihre Rationalität und Effizienz zu verbessern, sofern sie von den Ergebnissen der wissenschaftlichen Wirtschaftspolitik Gebrauch machen will. Damit ergibt sich der bereits erwähnte wechselseitige Beziehungszusammenhang zwischen wissenschaftlicher und praktischer Wirtschaftspolitik: die letzte liefert der wissenschaftlichen Disziplin das Erfahrungsmaterial und die Problemstellungen — aktueller wie auch nicht-aktueller Natur — die erste stellt der letzteren das wissenschaftliche Rüstzeug zur Verfügung, das eine Bewältigung der praktischen Probleme erleichtern kann.

Der Allgemeinen Volkswirtschaftspolitik ist damit die Aufgabe zugewiesen, an der Verbesserung der ökonomischen Verhältnisse in einer Gesellschaftswirtschaft mitzuwirken. Diesen *pragmatischen* Charakter teilt sie mit einer Reihe anderer Wissenschaftsdisziplinen, die die Mit- und Umweltverhältnisse in der Gesellschaft verbessern helfen sollen, wie etwa die Medizin, die technischen Wissenschaften u. a. m. Der Vergleich macht deutlich, daß dieser pragmatische Zug durchaus mit dem jeder Wissenschaft inhärenten Bemühen um Wahrheitsfindung zu vereinbaren ist. Da die Lehre von der Allgemeinen Volkswirtschaftspolitik sich nicht einfach mit der unreflektierten Anwendung der von anderen Disziplinen erarbeiteten Erkenntnisse und Wahrheiten auf die wirtschaftliche Wirklichkeit begnügen kann, sondern selbst neue Erkenntnisse erarbeiten muß, ist sie Wissenschaft und nicht nur „Kunstlehre". Es würde daher auch auf eine Verkennung des Charakters dieser Wissenschaftsdisziplin hinauslaufen, von ihr, wie von einer Kunstlehre, einfache oder gar fertige Rezepte für die praktische Wirtschaftspolitik verlangen zu wollen. Diese Feststellung schließt keineswegs die andere aus, daß die wissenschaftliche Wirtschaftpolitik der praktischen Wirtschaftspolitik wichtige Beratungsdienste leisten kann und auch leistet.

1.5 Wirtschaftstheorie und Wirtschaftspolitik

Weiter oben gebrauchten wir die Formulierung, daß es sich bei der Lehre von der Allgemeinen Volkswirtschaftspolitik um eine Art von angewandter Volkswirtschaftslehre handele, ohne dort diesen Zusammenhang des näheren zu präzisieren. Wir wollen das nun hier nachholen und gleichzeitig die beiden Teildisziplinen durch kontrastierende

Gegenüberstellung auf Gemeinsamkeiten und Unterschiedlichkeiten hin miteinander vergleichen.

Beginnen wir zuerst mit den Gemeinsamkeiten! Die wichtigste ist zweifelsohne die, daß das Erfahrungsobjekt beider Disziplinen das gleiche ist: das volkswirtschaftliche Geschehen, so wie es uns in der Wirklichkeit entgegentritt. Gemeinsam ist ihnen weiterhin, daß dieses Materialobjekt im Hinblick auf das Untersuchungsziel umgeformt wird; und endlich ist das Bemühen beider Disziplinen das gleiche, nämlich zu gesicherten und objektiven, d. h. überprüfbaren und kommunikationsfähigen Ergebnissen zu gelangen.

Verschieden sind jedoch die Ausgangspunkte der Betrachtung sowie die Perspektiven, mit der die Wissenschaftler beider Disziplinen an das Untersuchungsmaterial herangehen, um zu ihren Untersuchungsergebnissen zu gelangen. Daraus wiederum ergeben sich unterschiedliche Fragestellungen, die am Beginn des jeweiligen wissenschaftlichen Bemühens stehen. Die Wirtschaftstheorie geht von den gegebenen wirtschaftlichen Phänomenen aus und fragt nach dem „Warum" und dem „Wodurch". Sie sucht damit die *Ursachen* und Ursachenkomplexe bloßzulegen, die das jeweils interessierende Phänomen mit all seinen spezifischen Attributen, so wie es die Wirklichkeit zeigt, bewirkt haben. Dabei interessiert das Phänomen nicht eigentlich in seiner empirisch-historischen Einmaligkeit, oder doch jedenfalls nicht in erster Linie und in der Regel, sondern im Hinblick auf die Gemeinsamkeiten, die das gleiche Phänomen in häufigen und vielfältigen Wiederholungen im zeitlichen Geschehen der Wirklichkeit in diesen Wiederholungen darbietet. Der Grund hierfür ist, daß die Wirtschaftstheorie zu *allgemein* geltenden Erkenntnissen gelangen will und deshalb auch stark zur *generalisierenden* Betrachtung tendiert. Sie ist m. a. W. bemüht, möglichst durchgängige und immer wieder zu beobachtende Wirkungs- und Ursachenzusammenhänge, die sog. *Kausalgesetzmäßigkeiten,* im

Wirtschaftsgeschehen aufzudecken. Da es hierbei um empirische Gesetzmäßigkeiten aus dem Bereich des *menschlichen Handelns* geht und für dieses nach unseren gegenwärtigen philosophischen Einsichten eine Determination im naturgesetzlichen Sinne ausgeschlossen werden muß, bezeichnen wir diese Gesetzmäßigkeiten besser als *Regelmäßigkeiten* i. S. von massenstatistischen Wahrscheinlichkeiten mit einer im Vergleich zum Naturgeschehen erheblich geringeren Stringenz. Wir bezeichnen diese Art der Betrachtung, die das Geschehen auf seine Verursachung hin untersucht, als *Kausalanalyse,* die wiederum *quantitativer* und *qualitativer* Natur sein kann, und haben damit diejenige *Untersuchungsmethode* vor uns, der sich die Wirtschaftstheorie vorzugsweise bedient. Für den häufig zu beobachtenden Fall im Wirtschaftsgeschehen, daß Wirkungen und Ursachen über zwei oder mehrgliedrige Kausalketten *ringförmig* zusammengeschlossen sind, erweitert sich die Kausal- zur *Funktionalanalyse.*

Wir wollen an einem einfachen Beispiel die vorstehenden Ausführungen verdeutlichen: überall in der Wirtschaft trifft die empirische Beobachtung auf das Phänomen der Preisbildung. Die Beobachtung für eine Vielzahl historisch individueller Preisbildungsvorgänge ergibt bestimmte Ursachen, die sog. Preisbildungsfaktoren Angebot und Nachfrage, die in jedem Falle den Prozeß der Preisbildung selbst bewirken und auch gleichzeitig im Zusammen- und Gegeneinanderwirken die jeweilige Preishöhe bestimmen. Die weitere Analyse zeigt, daß eine stattgefundene Preiserhöhung bei bestimmten Zusatzbedingungen, die hier nicht interessieren, durch eine Angebotsveränderung, durch eine Änderung der Nachfrage oder durch eine, bestimmten quantitativen Relationen gehorchende Kombination aus beiden bewirkt wurde. Diese in jedem Fall zu beobachtenden Kausalbeziehungen lassen also die Aussage über die generelle Regelmäßigkeit (Preisbildungsgesetze) zu, daß eine Preiserhöhung kausal entweder durch eine Angebotsverringerung, eine Nachfrageausweitung oder schließlich eine gleichzeitige Kombination in einem bestimmten Verhältnis aus beiden bewirkt wird.

Die wissenschaftliche Wirtschaftspolitik verwendet nun in ihren Untersuchungen die erwähnten Gesetzmäßigkeiten der Wirtschaftstheorie — insofern ist ihre Charakterisierung als „angewandte" Wirtschaftstheorie vollkommen korrekt — wobei allerdings die veränderte Ausgangsfragestellung zu einer Umwandlung der Kausal- und Funktionalanalyse in eine *teleologische* Betrachtung zwingt. Der Ausgangspunkt der Wirtschaftspolitik ist ja nicht das gegebene *empirische Sein* der wirtschaftlichen Sachverhalte, von dem die Theorie ausgeht, sondern das *Sein-Sollen* bestimmter wirtschaftlicher Phänomene in der Zukunft. Dieses Sein-Sollen konkretisiert sich in entsprechenden *Zielsetzungen,* die eines bestimmten *Mitteleinsatzes* zu ihrer Realisierung bedürfen.

Die Hauptaufgabe der wissenschaftlichen Wirtschaftspolitik besteht nun darin, dieses Zweck-Mittelverhältnis zu untersuchen — die Geeignetheit der Mittel im Hinblick auf die Zielsetzungen in quantitativer, qualitativer, zeitlicher und sonstiger Hinsicht klarzulegen, d. h. die wissenschaftliche Wirtschaftspolitik ist vornehmlich — wenn auch nicht ausschließlich — *Zweck-Mittel-Analyse.* Diese Zweck-Mittel-Analyse ist im Prinzip eine Umkehrung der Kausal- bzw. Funktionalanalyse. Bei dieser Umkehrung nehmen die Wirkungen, von denen die Theorie ausgeht, den Charakter von Zielsetzungen an, und die Ursachen dieser Wirkungen werden zu Mitteln, mit deren Hilfe die Zielsetzungen realisiert werden können.

Greifen wir zur Verdeutlichung dieser gedanklichen Transformation wieder auf unser Preisbeispiel zurück! Wirkung und Ursache waren hier die Preiserhöhung bzw. die zeitlich vorhergehende Nachfrage- und/oder Angebotsänderung. In der Zweck-Mittel-Analyse der Wirtschaftspolitik wird die Wirkung „Preissteigerung" zur Zielsetzung und die Ursache „Nachfrage- und/oder Angebotsänderung" zum Mittel erhoben.

Trotz seiner Einfachheit macht unser Beispiel die gedankliche Operation beim Übergang von der kausaltheoretischen Betrachtung der Wirtschaftstheorie zur teleologischen Betrachtungsweise der Wirtschaftspolitik im Prinzip klar. An dem Prinzip selbst ändert sich nichts, wenn wir von der Kausal- zur Funktionalanalyse übergehen und gleichzeitig entsprechend den Verhältnissen in der empirischen Wirklichkeit komplizierte Kausalketten mit bedeutend mehr Gliedern als in unserem einfachen Preisbeispiel einführen. Welche Konsequenzen sich daraus für die wirtschaftspolitische Forschung ergeben, werden wir noch näher in den Abschnitten unserer Darstellung aufzeigen, in denen wir uns mit den Zielen und Mitteln ausführlich befassen. In unserem gegenwärtigen Zusammenhang können wir uns deshalb mit dieser Skizzierung im Prinzipiellen begnügen und wollen die Erörterung des Verhältnisses von Wirtschaftstheorie und Wirtschaftspolitik mit einem Hinweis abschließen, der ebenfalls methodologisch bedeutsam ist.

Wir sahen gerade, daß es der Theorie in erster Linie auf die Gewinnung genereller Erkenntnisse ankommt. So sind es etwa in der Preistheorie die Preisbildungsgesetze und die Erklärung des Preisbildungsmechanismus, die das Hauptinteresse des Untersuchenden beanspruchen. Zu diesem Zweck konstruiert der Wissenschaftler unter Berücksichtigung einer Vielzahl von individuell-historischen Preisbildungsvorgängen ein bestimmtes *Marktmodell*, das nur noch die für *jeden* Preisbildungsprozeß wichtigen Einzelheiten enthält. Er abstrahiert also bei der Konstruktion dieses Modelles von den Umständen und Einzelheiten, die das Individuelle jedes der Vielzahl von beobachteten empirischen Preisbildungsprozessen ausmachen; er vereinfacht und reduziert mit der Intention auf Verallgemeinerung, so daß wir ein solches Modell auch als *Reduktionsmodell (Ritschl)* bezeichnen können. Technisch geschieht dies vorzugsweise durch die *Auswahl* der Bedingungen, denen der Modellmechanismus unterworfen wird. Die Aussagen und Erkenntnisse kausal- und funktionalanalytischer Natur gelten streng nur unter diesen Bedingungen.

Durch die Wirtschaftspolitik sollen nun aber — um bei dem Beispiel der Preisbildung zu bleiben — nicht die Modell-Preisbildung — sondern empirische und damit einmalig-individuelle Preisbildungsprozesse beeinflußt werden. Die Individualität dieser Preisbildungsprozesse der Wirklichkeit konkretisiert sich hauptsächlich in der vom Reduktionsmodell abweichenden Bedingungskonstellation, d. h. es treten zusätzliche Bedingungen hinzu, an die Stelle der Modellbedingungen treten andere oder sie sind nur annäherungsweise gegeben usw. Liegen solche Abweichungen vor, dann muß das generelle Reduktionsmodell umgeformt werden im Hinblick auf die jeweiligen, von Fall zu Fall sich wandelnden Bedingungen der empirischen Gegebenheiten. Das Modell muß an die Wirklichkeit angepaßt werden; es muß ein spezielles Modell konstruiert werden, und damit geht in aller Regel die Einengung der Allgemeingültigkeit der kausaltheoretischen Aussagen und Erkenntnisse einher. Wir bezeichnen dieses Verfahren der Anpassung des Modells an die Wirklichkeit als *„abnehmende Abstraktion"* und haben damit eine zweite wichtige Methode der Wirtschaftspolitik kennengelernt. Es liegt auf der Hand, daß die Zusammenarbeit zwischen Wirtschaftstheoretikern und Wirtschaftspolitikern erleichtert wird, wenn die Abstraktion von der Theorie nicht weiter als notwendig und nur so betrieben wird, daß das Verfahren der „abnehmenden Abstraktion" offen bleibt und damit die wirtschaftspolitische Anwendbarkeit der analytischen Sätze und Erkenntnisse, jedenfalls im Ansatz und in der Intention, gesichert ist.

2. Die Objektivität der wissenschaftlichen wirtschaftspolitischen Aussage

2.1 Die Werturteilsproblematik

Wir stellten weiter oben fest, daß der Ausgangspunkt der wissenschaftlichen Wirtschaftspolitik ein „Sein-Sollen" ist, während die Theorie das „Was ist" zu erklären bestrebt ist. Mit dieser Intention der wissenschaftlichen Wirtschaftspolitik, Aussagen und Urteile über etwas abzugeben, *das sein soll,* erhebt sich eine wissenschaftstheoretisch überaus bedeutsame Frage, nämlich die nach der *Objektivität* und Wissenschaftlichkeit solcher Aussagen.

Eine Aussage darüber, ob etwas sein soll oder nicht sein soll, wird als ein *Werturteil* bezeichnet, und die Problematik, die sich damit für die Lehre von der Wirtschaftspolitik ergibt, ist präziser formuliert, die Vereinbarkeit der von ihren Vertretern zu fällenden Werturteile mit der Forderung nach Objektivität, d. h. der logischen und faktischen Wahrheit solcher Aussagen.

Diese Problematik ist in den Wirtschaftswissenschaften lange Zeit übersehen worden, d. h. bis in die Neuzeit sahen es die Wissenschaftler beinahe als ihre selbstverständliche Aufgabe an, Empfehlungen für die einzuschlagende Politik auf wirtschaftlichem Gebiet abzugeben. Demgemäß finden wir in allen Schulen und Richtungen der Nationalökonomie des 18. und 19. Jahrhunderts die Vermischung theoretischer Aussagen mit wirtschaftspolitischen Empfehlungen. Eine Änderung in dieser weitverbreiteten Haltung bahnte sich erst zu Beginn unseres Jahrhunderts an, verursacht durch Untersuchungen *Max Webers* und eine sich daran anschließende wissenschaftliche Kontroverse, die auch heute noch nicht ganz abgeschlossen ist, wenngleich sie viele wichtige Punkte klären konnte.

So führte beispielsweise die Diskussion zu einer Unterscheidung der Werturteile in solche, die auf der Basis *subjektiven* unreflektierten Meinens und Glaubens ausgesprochen werden; davon zu unterscheiden ist die zweite Variante, die auf einem ethisch-weltanschaulichen System beruht (*normative* Werturteile); hiervon wiederum sind abzugrenzen die *ontologischen* Werturteile, die aus einer *Wesensschau* des Wirtschaftens, d. h. aus der der Wirtschaft eigenen Finalität und Sachgemäßheit heraus, gefällt werden; als letzte sind schließlich diejenigen Werturteile (*teleologische* Werturteile) anzuführen, die über die Geeignetheit von Mitteln für die Erreichung bestimmter Ziele aussagen.

Prüfen wir diese Spielarten von Werturteilen etwas näher, so stellen wir fest, daß bei den drei ersten mit dem Werturteil notwendigerweise auch gleichzeitig eine Entscheidung zugunsten des anzustrebenden Zieles impliziert ist, während bei der letzten eine solche Entscheidung nicht notwendigerweise erforderlich ist. Zwar ist auch bei der letzterwähnten Variante von Werturteilen eine Aussage im Sinne von „gut" oder „schlecht" bzw. „besser" oder „schlechter" erforderlich; aber im Gegensatz zu den drei ersten Spielarten von Werturteilen muß sich im letzteren Fall diese wertende Aussage nicht auf die Zielsetzungen selbst beziehen, d. h. die Zielsetzungen müssen nicht i. S. von „schlechter" oder „besser" gewertet werden. Wir haben ja weiter oben bereits erfahren, daß die teleologische Betrachtungsweise nichts weiter als die *Umkehrform* der kausal- und funktionaltheoretischen Betrachtung ist. Die Objektivität teleologischer Urteile ist demzufolge im Prinzip eine Funktion der theoretischen Aussagen, die in das Zweck-Mittel-Urteil eingehen. Soweit also theoretische Aussagen, d. h. Aussagen über das, was ist, grundsätzlich objektiv gefällt werden können, ist wegen dieses methodologischen Beziehungszusammenhangs zwischen theoretischen und teleologischen Aussagen auch die Möglichkeit zur Fällung teleologischer Urteile objektiven Charakters *im Prinzip* gegeben.

Das Werturteilsproblem tritt daher vorzugsweise bei den drei Werturteilen der ersten Gruppe auf, und hier hat die wissenschaftliche Diskussion Einheitlichkeit der Auffassung bezüglich der beiden ersten Varianten dahingehend gezeitigt, daß ihnen Verbindlichkeit und Objektivität abgehen. Geteilt sind die Meinungen nur noch hinsichtlich des ontologischen Werturteils, dessen Objektivität von der Mehrheit der Wissenschaftler verneint wird, während eine Minderheit sie bejaht. Wir selbst schließen uns dem Standpunkt der ersten an. Der Grund für unsere Ablehnung des ontologischen Werturteils liegt nicht darin, daß wir die Möglichkeit der Objektivität jeder ontologischen Betrachtung der Wirtschaft rundweg ablehnen. Soweit sie Aussagen über das, was ist, wenn auch in einer auf das „Wesentliche" beschränkten Sicht fällt, kann ihr die Möglichkeit zur Gewinnung objektiver Aussagen, auch hinsichtlich der Ziele, nicht a priori bestritten werden. Da jedoch das ontologische Werturteil ohne einen Schluß aus dem, was ist, auf das, was sein soll, nicht auskommt, d. h. auch Aussagen über die der Wirtschaft „wesensgemäßen" Ziele trifft, die *wegen* dieser Wesensgemäßheit durch die Wirtschaftspolitik anzustreben sind, muß seine Objektivität bezweifelt werden. Nach dem gegenwärtigen Stand unserer erkenntnistheoretischen Einsichten jedenfalls ist der Schluß von dem, was ist, auf das, was sein soll, nicht möglich, wenn die Aussage objektiv und allgemeinverbindlich sein soll.

Das besagt nun nicht, daß die wissenschaftliche Wirtschaftspolitik zur Zielproblematik überhaupt nicht Stellung nehmen und wichtige Beiträge liefern könnte. Wir selbst haben der Zielproblematik in unserer Darstellung einen besonderen Abschnitt zugewiesen und können uns daher im gegenwärtigen Zusammenhang mit diesem Hinweis begnügen. Auf jeden Fall bleibt dem Wissenschaftler die Möglichkeit, als *Staatsbürger* wie jeder andere zu den Zielen der Wirtschaftspolitik kritisch oder zustimmend Stellung zu beziehen, und er darf erwarten, daß seinem Urteil als Sachverständigem besonderes Gewicht zugemessen wird. Außerdem besteht für ihn die Möglichkeit, bestimmte, wenige Zielsetzungen als die obersten zu berücksichtigenden Werte *bekenntnismäßig* einzuführen (Wertaxiome), um dann auf der Grundlage dieser Axiome objektiv und allgemeinverbindlich seine Lehre von der Wirtschaftspolitik zu entwickeln. Diese beiden Möglichkeiten sind auch von erheblicher wirtschaftspolitischer Bedeutung; denn würden sie dem Wissenschaftler abgesprochen, so wäre dem wissenschaftlichen Wirtschaftspolitiker jedwede wertende Stellungnahme zu den zentralen und obersten Zielsetzungen der Wirtschaftspolitik verbaut. Welche Zielsetzungen auch immer von den zuständigen Organen gesetzt würden, die wissenschaftliche Wirtschaftspolitik hätte sie als gegeben zu akzeptieren und ihre Aufgabe würde sich darin erschöpfen, dem jeweiligen politischen Regime das wissenschaftlich erarbeitete Instrumentarium zu liefern, mit dessen Hilfe die Ziele zu erreichen sind. Die große Gefahr dieses Zustandes bestände darin, daß die Wissenschaft zum willfährigen, weil wertneutralen, Werkzeug jedes beliebigen politischen Systems werden würde.

Eine solche Indifferenz der Wissenschaft gegenüber dem Gebrauch, der von ihren wissenschaftlichen Erkenntnissen gemacht wird, kann der wissenschaftliche Wirtschaftspolitiker der Gegenwart umso weniger zu seiner Grundhaltung machen, als nach den politischen Erfahrungen der letzten Dezennien und insbesondere nach der Verwendung neuer naturwissenschaftlicher Erkenntnisse für Zwecke der Massenvernichtung sich das Problem der sittlichen und moralischen Verantwortung des Wissenschaftlers auch bei seinem ausschließlich auf Wahrheitsfindung ausgerichteten Bemühen in aller nur denkbaren Schärfe gestellt hat. Umso bedeutsamer sind daher die aufgezeigten Möglichkeiten für den wissenschaftlichen Wirtschaftspolitiker der Gegenwart, zu den Zielsetzungen der Wirtschaftspolitik Stellung zu beziehen. Verbieten ihm die politischen Verhältnisse eine solche *offene* Stellungnahme, so verbleibt ihm als letzter Ausweg nur, seine wissenschaftliche Arbeit ganz einzustellen oder auf ein Gebiet zu verlegen, das keine oder nur geringe Anwendungsmöglichkeiten für die praktische Wirtschaftspolitik bietet, sofern er die jeweiligen Zielsetzungen der praktischen Wirtschaftspolitik ablehnen muß.

Unsere letzten Ausführungen sollten klar gemacht haben, daß dem wissenschaftlichen Wirtschaftspolitiker auch nicht immer die beiden weiteren Verfahren offen stehen, das Bezugssystem zu gewinnen, von dem er zwecks Gewinnung wirtschaftspolitischer Aussagen ausgehen kann. Es handelt sich dabei einmal um die *hypothetische* Methode, d. h. die hypothetische Unterstellung bestimmter oberster wirtschaftspolitischer Zielsetzungen, und zum anderen um die Methode des *„fremdbestimmten"* Wertsystems. Im letzteren Falle übernimmt der Wirtschaftspolitiker zustimmend die jeweils gegebenen obersten Zielsetzungen der Wirtschaftspolitik, so wie sie von den für die politische Willensbildung zuständigen Organen fixiert worden sind bzw. unter Berufung auf die „öffentliche Meinung".

Damit sind allerdings die Aufgaben, die dem wissenschaftlichen Wirtschaftspolitiker hinsichtlich der Zielproblematik gestellt sind, keineswegs erschöpft. Eine für die praktische Wirtschaftspolitik in der Massendemokratie nicht unwichtige Rolle fällt ihm beispielsweise bei der Interpretation *unklarer* und *mehrdeutiger* Zielformulierungen zu, die die Träger der Wirtschaftspolitik gewählt haben. Solche Unzulänglichkeiten in der Zielformulierung stellen die Rationalität und Effizienz der Wirtschaftspolitik infrage und sind nicht selten auf den kompromißbehafteten Charakter der Politik in einer Demokratie zurückzuführen. Die Rücksichtnahme auf die differierenden Interessen der an der Formulierung der Wirtschaftspolitik direkt oder indirekt beteiligten Gruppen in einer freiheitlichen Gesellschaft erfordert solche Kompromisse, und erfahrungsgemäß erleichtern bei Interessengegensätzen allgemein gehaltene Formulierungen das Zustandekommen solcher Kompromisse. Die damit gegebene Mehrdeutigkeit der Zielformulierung belastet die praktische Wirtschaftspolitik mit einer nicht unbeachtlichen Hypothek, und die wissenschaftliche Wirtschaftspolitik kann hier klärend eingreifen.

Eine ähnliche Rolle fällt ihr bei der *Demaskierung* von Zielformulierungen zu, mit welcher die Interessengruppen in einer pluralistischen Gesellschaft nicht selten die Interessengebundenheit der von ihnen vertretenen Zielsetzungen der Wirtschaftspolitik zu verschleiern suchen. Die positive Haltung der öffentlichen Meinung gegenüber den Begriffen wie Allgemeinwohl, Gesamtinteresse usw. legt es ihnen nahe, solchen interessengebundenen Zielsetzungen den Anstrich eben dieses „Allgemeinwohls" oder des „Gesamtinteresses" zu geben oder sie doch jedenfalls als dem Allgemeinwohl förderlich auszugeben. Wegen der erheblichen Schwierigkeiten, die auch die wirtschaftspolitische Analyse stellt, ist es dem Laien häufig nicht möglich, diese Demaskierung selbst vorzunehmen, so daß dem geschulten Wirtschaftswissenschaftler diese *Aufklärungsfunktion* hinsichtlich der Zielproblematik gegenüber der Öffentlichkeit zufällt.

Weitgehend informativer Natur ist schließlich auch die letzte Aufgabe des wissenschaftlichen Wirtschaftspolitikers, die wir in Zusammenhang mit den Zielen der Wirtschaftspolitik erwähnen wollen. Es handelt sich dabei um die Untersuchung der *Vereinbarkeit der Ziele,* die jeweils von den Trägern der Wirtschaftspolitik verfolgt werden. In aller Regel wird durch die praktische Wirtschaftspolitik nicht ein einziges, sondern eine Vielzahl von Zielen angestrebt. Das Spezialproblem, das sich bei einer solchen Vielzahl von Zielen stellt, ist das ihrer logischen und/oder faktischen Vereinbarkeit bzw. des *Grades* ihrer Vereinbarkeit (oder Nichtvereinbarkeit). Aussagen über die faktische Vereinbarkeit einer Mehrzahl von Zielen setzen häufig Aussagen über die zu *erwartenden* Wirkungen wirtschaftspolitischer Maßnahmen sowie Untersuchungen über das Zweck-Mittel-Verhältnis, d. h. die teleologische Analyse, voraus, die wegen der häufig zu beobachtenden vielfältigen Wirkungen einer bestimmten Maßnahme und ihrer Geeignetheit für die Erreichung mehrerer Ziele ein höchst schwieriges Geschäft sein kann.

2.2 Wertneutralität und Objektivität der teleologischen Aussage

Die Übernahme „gegebener" Zielsetzungen ist zweifelsohne das für den auf Objektivität und Wertneutralität seiner Aussagen bedachten Wirtschaftspolitiker das günstigste, sofern er die Verantwortung auch für den Gebrauch seiner Untersuchungsergebnisse für die praktische Wirtschaftspolitik anerkennt und die Zielsetzungen akzeptieren kann. Nach überwiegender Meinung der Wissenschaftler ist dann entsprechend der bereits von *Max Weber* geäußerten Ansicht die weitere wirtschaftspolitische Analyse vollkommen objektiv und wertneutral durchführbar, sofern hierbei nur teleologische Urteile zu fällen sind.

Allerdings haben die Ergebnisse der modernen *Welfare-Theorie* Zweifel an der Richtigkeit dieser bisher als gesichert geltenden Auffassung aufkommen lassen, auf die wir hinzuweisen haben. Diese Welfare-Theorie ist im angelsächsischen Sprachbereich im Anschluß an Untersuchungen von *Pigou* sowie Beiträgen weiterer Wissenschaftler entwickelt worden. Das Anliegen dieser Welfare-Theorie ist insofern ausgesprochen *wirtschaftspolitischer* Natur, als sie die Sätze und Erkenntnisse der Wirtschaftstheorie im teleologischen Sinne dermaßen umformt und modifiziert, daß sie einen Satz von *Bedingungen für die zweckmäßigste Organisation von Tausch und Produktion* ergeben, deren Erfüllung das gesellschaftliche Nutzenmaximum garantiert. Dieses gesellschaftliche Nutzenmaximum wird dabei als die Summe des ökonomischen Wohlstandes aller Individuen (auch als Welfare-Funktion bezeichnet) aufgefaßt und gilt als erreicht, wenn *der ökonomische Wohlstand zumindest eines Individuums nicht mehr weiter durch wirtschaftspolitische Maßnahmen verbessert werden kann, ohne gleichzeitig den wirtschaftlichen Wohlstand eines anderen Individuums zu verschlechtern.* Die Erfüllung der erwähnten speziellen Welfare-Bedingungen sichert das Vorliegen dieser allgemeinen Bedingung, und die Aufgabe der Wirtschaftspolitik ist es dementsprechend, dafür zu sorgen, daß diese Bedingungen erfüllt werden bzw. doch nicht mehr als notwendig verletzt werden.

In ihrer modernen Variante ist diese Wohlstandstheorie von dem Bemühen bestimmt, zu *wertfreien* Aussagen zu gelangen, nachdem man erkannt hatte, daß ihre ältere Fassung Werturteile impliziert. Die oben erwähnten Welfare-Bedingungen, einschließlich der generellen Bedingung für das gesellschaftliche Nutzenmaximum, sind Ergebnisse dieses Bemühens. Leider hat jedoch die Kritik ergeben, daß dieser von großem Ernst getragenen Neuorientierung der Welfare-Theorie kein voller Erfolg beschieden war, wenngleich auch die wertaxiomatischen Prämissen auf ein Mindestmaß reduziert werden konnten: auf die beiden Wertaxiome nämlich, daß der Tausch zwischen Wirtschaftssubjekten besser sei als jede andere Form der Güter- und Leistungsbeschaffung, und daß die Wirtschaftssubjekte diejenigen Güter und Leistungen für ihre Bedürfnisbefriedigung haben sollten, die sie selbst wünschen.

Es erscheint mehr als fraglich, daß die Welfare-Theorie je ohne diese beiden Prämissen auskommen könnte; auf der anderen Seite sind sie jedoch materiell so wenig anspruchsvoll, daß sie nahezu von allen Individuen, welche Wertvorstellungen mit welcher Rangordnung sie auch immer hegen mögen, akzeptiert werden könnten und damit der Rekurs auf „allgemeingültige", gegebene Wertvorstellungen für die Welfare-Theorie möglich wird. Die genannten Prämissen könnten demzufolge als „fremdbestimmte" Wertaxiome mit hohem Allgemeingültigkeitscharakter eingeführt werden, womit insoweit die Wertneutralität der Analyse des Untersuchenden sichergestellt wäre.

Das wiederum würde bedeuten, daß der Wissenschaftler objektive Empfehlungen über wirtschaftspolitische Maßnahmen für den Fall abgeben kann, daß der wirtschaftliche Wohlstand zumindest eines Individuums verbessert wird, ohne daß gleichzeitig derjenige eines anderen verschlechtert wird. Leider ist dieser Fall jedoch von einer solchen Seltenheit, daß er für die praktische Wirtschaftspolitik irrelevant ist. Bei nahezu jeder wirtschaftspolitischen Maßnahme treten nämlich neben den positiven Wohlstandseffekten für einige Individuen negative Wohlstandseffekte für andere mit auf. Man hat deshalb versucht, die Definition für das gesellschaftliche Wohlstandsmaximum so zu erweitern (Reder, Scitovsky, Little u. a. m.), daß auch diese Fälle berücksichtigt werden können. Das Ergebnis war zwar eine theoretisch zufriedenstellende Lösung; für die praktische Wirtschaftspolitik jedoch war sie uninteressant, weil die Definition durch die Erweiterung zu stark an Praktikabilität einbüßte.

Der Hauptgrund für ihre unzulängliche Anwendungsmöglichkeit liegt in dem *Einkommensumverteilungseffekt,* den nahezu alle wirtschaftspolitischen Maßnahmen neben ihrem *Produktivitätseffekt* haben. Einkommensumverteilungen bedeuten, daß als Folge der wirtschaftspolitischen Maßnahmen das Einkommen einiger Wirtschaftssubjekte absolut oder relativ sinkt und das anderer steigt. Der Einkommensminderung des einen Teils entspricht eine Wohlstandsminderung, während die Einkommenserhöhung für den anderen Teil Wohlstandszuwachs bedeutet. Um also den *Netto-Wohlstandseffekt* einer Einkommensumverteilung ordinal oder kardinal zu bestimmen, müßte die aus einer Einkommensveränderung resultierende Wohlstandsveränderung bei verschiedenen Wirtschaftssubjekten gemessen werden. Leider ist es der Wissenschaft trotz intensiver Bemühungen bis heute nicht gelungen, diesen „interpersonellen Nutzenvergleich" in dem angedeuteten Sinne durchzuführen, so daß bisher ein objektives Urteil über den gesellschaftlichen Wohlstandseffekt einer wirtschaftspolitischen Maßnahme, der ja eine *Kombination* aus Produktivitäts- und Einkommensumverteilungseffekt darstellt, nicht möglich ist.

Jede Aussage über die Einkommensverteilung ist angesichts der Unmöglichkeit eines objektiven interpersonalen Nutzenvergleichs ein Werturteil. Da ferner fast jede wirtschaftspolitische Maßnahme einen Einkommensumverteilungseffekt impliziert, muß deshalb nahezu jede wirtschaftspolitische Aussage des Wissenschaftlers werturteilsbehaftet sein. Auch der Wissenschaftler also, der eine Empfehlung für eine Maßnahme mit positivem Produktivitätseffekt gibt oder unter Beschränkung auf die rein teleologische Aussage eine Maßnahme befürwortet, empfiehlt damit auch gleichzeitig implicite die mit dieser Maßnahme einhergehende Einkommensumverteilung. Dieser Sachverhalt ist der Grund dafür, daß Zweifel an der Objektivität auch teleologischer Werturteile angemeldet werden müssen.

Der einzige und leider nicht voll befriedigende Ausweg aus diesem Dilemma ist die *ausdrückliche* Beschränkung der teleologischen Aussage auf den Produktivitätseffekt möglicher wirtschaftspolitischer Maßnahmen bei gleichzeitigem Hinweis auf den mit der Maßnahme verbundenen Einkommenseffekt. Dieser letzte Hinweis ist rein informatorischer Natur und sollte so präzise wie möglich gegeben werden. Der Wissenschaftler kann sich damit auf eine relativ sichere Basis zurückziehen, weil nur der Produktivitätseffekt in Frage steht, und überläßt das Urteil über den Einkommensumverteilungseffekt den für die politische Entscheidung zuständigen Stellen. Gleichzeitig liefert er diesen „Trägern" der Wirtschaftspolitik die notwendigen Informationen hinsichtlich des Urteils in Sachen der Einkommensverteilung. Falls die mit dieser Einschränkung von der Wissenschaft empfohlenen wirtschaftspolitischen Maßnahmen zu Einkommensumverteilungen führen, die nicht den Vorstellungen der zuständigen Gremien über die „richtige" Einkommensverteilung entsprechen, kann ja die Einkommensverteilung nach oder gleichzeitig mit der Maßnahme durch Einkommensübertragungen (vorzugsweise über den öffentlichen Haushalt) korrigiert werden.

3. Die Träger der praktischen Wirtschaftspolitik

3.1 Phasen und Subjekte der Wirtschaftspolitik

Wir haben in unseren Ausführungen bisher mehrfach den Begriff des „Trägers" der Wirtschaftspolitik benutzt, ohne des näheren darauf einzugehen, was wir darunter zu verstehen haben. Wir wollen uns nun dieser Aufgabe unterziehen, bei welcher Gelegenheit wir auch auf die weiteren, mit dieser Problemstellung zusammenhängenden Fragen eingehen können.

Mit Trägern der Wirtschaftspolitik — zuweilen auch als *Subjekte* der Wirtschaftspolitik bezeichnet — wollen wir das oder die Organe bezeichnen, die wirtschaftspolitische Aktivität entwickeln, d. h. wirtschaftspolitische Maßnahmen in dem weiter oben entwickelten Sinne ergreifen und zur Durchführung bringen. Um Mißverständnisse zu vermeiden, sei gleich hinzugefügt, daß die jeweiligen wirtschaftspolitischen Organe nicht selbst die von ihnen beschlossenen Maßnahmen *durchführen* müssen, sondern daß andere Stellen und Organisationen mit ihrer Durchführung beauftragt werden können. Auch in Sachen der Wirtschaftspolitik gilt das Prinzip der Arbeitsteilung!

Solche Organisationen und Stellen, die wirtschaftspolitische Maßnahmen auf Weisung oder Veranlassung anderer durchzuführen haben, rechnen wir *nicht* zu den Trägern der Wirtschaftspolitik. Sie sind nichts weiter als Hilfseinrichtungen und Hilfsagenturen, deren sich die Träger der Wirtschaftspolitik zwecks Durchführung der Wirtschaftspolitik bedienen. Haben sie keinerlei Ermessensspielraum bei der Durchführung, so betätigen sie sich ausschließlich in derjenigen Phase der Wirtschaftspolitik, die wir in Anlehnung an die von *Tinbergen* vorgeschlagene Phaseneinteilung der Wirtschaftspolitik als die Phase der *Durchführung* (und Kontrolle) bezeichnen wollen, nach der also die Maßnahmen zu *wirken* beginnen (Wirkungsphase).

Solcher Hilfseinrichtungen und Hilfsorgane können sich die Träger der Wirtschaftspolitik auch in einer anderen Phase der Wirtschaftspolitik, die wir wiederum mit *Tinbergen* als die *Planungsphase* bezeichnen wollen, bedienen.

Zeitlich geht sie der gerade erwähnten Phase, wie auch der weiter unten zu behandelnden *Entscheidungsphase*, voraus. Wie wir noch im weiteren Verlauf der Darstellung sehen werden, kann auch und insbesondere die wissenschaftliche Wirtschaftspolitik gerade in diesem Stadium der Wirtschaftspolitik wertvolle Hilfestellung leisten.

Verbleibt als letzte die *Entscheidungsphase*, und sie ist das eigentliche Betätigungsfeld für die Träger der Wirtschaftspolitik. Für die Beantwortung der Frage, wer konkret Träger der Wirtschaftspolitik ist, stellen wir also auf die *Entscheidungsgewalt* ab: dasjenige Organ, das *faktisch* die Entscheidungen über die zu treffenden wirtschaftspolitischen Maßnahmen fällt, ist das agierende Subjekt in der Wirtschaftspolitik. Trägerschaft in der Wirtschaftspolitik bedeutet somit *Entscheidungsträgerschaft,* wobei wir das Fällen von wirtschaftspolitischen Entscheidungen als konstitutives Element für den Begriff des Trägers ansehen. Ob und inwieweit die Entscheidungen fällenden Organe in der vor- und nachgelagerten Phase der Planung und Durchführung selbst tätig werden, ist von durchaus sekundärer Bedeutung und akzidenteller Natur.

Entscheidungen fällen heißt in diesem Zusammenhang, eine wirtschaftspolitische Maßnahme oder Kombination von Maßnahmen *auszulösen* und insofern auch wirtschaftspolitisch zu *handeln.* Letzteres impliziert, daß die *Absicht* besteht, die beschlossenen Maßnahmen auch tatsächlich zur Ausführung zu bringen und daß der Träger der Wirtschaftspolitik über die *Macht* verfügt, die Maßnahmen durchzuführen bzw. durchführen zu lassen. Entscheidungen, bei denen diese Voraussetzungen fehlen, tragen rein deklamatorischen Charakter, lösen deshalb in der Regel keine wirtschaftspolitischen Maßnahmen aus und zählen daher in diesem Zusammenhang nicht. Selbst wenn das Gremium, das solche Entscheidungen fällt, dabei im Rahmen seiner Kompetenzen handelt, bleiben sie trotzdem für die uns hier interessierenden Fragen unberücksichtigt. Für die Frage nach den Trägern der Wirtschaftspolitik interessiert m. a. W. nicht in erster Linie die formelle Kompetenzverteilung, sondern die faktischen Machtverhältnisse. Wer also *faktisch* wirtschaftspolitische Entscheidungen fällt und in der Lage ist, solche Entscheidungen durchzusetzen, ist Träger der Wirtschaftspolitik.

Faktische und formelle Zuständigkeit können zusammenfallen und werden dies unter geordneten staatlichen und politischen Verhältnissen in der Regel auch tun. Wenn sie aber auseinanderfallen, so deshalb, weil dem formellen Träger der Wirtschaftspolitik die Fähigkeit abgeht, seine von ihm beschlossenen Maßnahmen auch durchzusetzen. In diesem Zusammenhang ist auf das vielschichtige Phänomen der *Macht* und der Machtverteilung hinzuweisen, das seine nicht zu übersehende Rolle auch bei der Frage nach den Trägern der Wirtschaftspolitik spielt, worauf mit besonderem Nachdruck *Seraphim* aufmerksam gemacht hat.

Konzipieren wir im Anschluß an die oben erwähnte Phaseneinteilung die wirtschaftspolitische Aktivität als die Summe aller Maßnahmen im Planungs-, Entscheidungs- und Durchführungsstadium der Wirtschaftspolitik, dann wird deutlich, daß bei der Vielzahl von wirtschaftspolitischen Maßnahmen, die in einer hochentwickelten Wirtschaftsgesellschaft laufend ergriffen werden müssen, eine komplizierte Apparatur von Organen und Einrichtungen notwendig ist, um eine möglichst erfolgreiche Wirtschaftspolitik betreiben zu können. Es versteht sich von selbst, daß die Tätigkeit dieser Organe *zeitlich* und *sachlich koordiniert* werden muß; die genannten Phasen der Wirtschaftpolitik gehen ja in der Realität vielfach ineinander über und stehen in einem Wirkungszusammenhang, was Beeinflussung und Gegenbeeinflussungen impliziert. Es sollte weiterhin klar sein, daß die qualitativ unterschiedlichen Tätigkeitsgebiete und Funktionsvollzüge in den genannten Phasen der Wirtschaftspolitik unterschiedlich gegliederte und mit der für die jeweiligen Funktionen geeigneten sachlichen und personellen Ausstattung versehene Organe erfordern.

Die erwähnte Phaseneinteilung der Wirtschaftspolitik erfordert die Erinnerung an eine weiter oben vorgenommene Unterscheidung, nämlich die zwischen wirtschaftspolitischer und die Wirtschaftspolitik, d. h. die wirtschaftspolitischen Entscheidungsträger *beeinflussender* Aktivität. Im Alltagssprachgebrauch wird die letztgenannte häufig auch als Wirtschaftspolitik bezeichnet. So beispielsweise, wenn Gruppen, Organisationen, Verbände usw. mit den verschiedensten Medien und über die verschiedensten Kanäle die Entscheidungen der Träger der Wirtschaftspolitik über die zu treffenden wirtschaftspolitischen Maßnahmen in der einen oder anderen Richtung hin zu beeinflussen versuchen. Im Sprachgebrauch ist dann von der „Wirtschaftspolitik" des Verbandes, der Gruppe, der Organisation usw. die Rede. Wir wollen nicht übersehen, daß in der modernen pluralistischen Massengesellschaft diese Beeinflussungen für den Kurs der praktischen Wirtschaftspolitik von erheblicher Bedeutung sind. Zwecks Vermeidung von Mißverständnissen wollen wir in unserer Darstellung diese beeinflussende Aktivität selbst nicht als Wirtschaftspolitik bezeichnen. Hauptansatzpunkt für solche Beeinflussungen ist die Entscheidungsphase der Wirtschaftspolitik und damit die Einflußnahme auf den Entscheidungsträger selbst; daneben wird aber auch die *indirekte* Einflußnahme auf den Entscheidungsträger durch Beeinflussung der wirtschaftspolitischen Aktivität insbesondere in der Planungsphase praktiziert (vgl. hierzu und zum folgenden das Schema der Abb. 1).

3.2 Entscheidungsträgerschaft in zentralisierten und dezentralisierten wirtschaftspolitischen Systemen

Wir führten gerade aus, daß die wirtschaftspolitische Aktivität hinsichtlich des Phasenablaufs koordiniert werden muß. Eine für die Effizienz der praktischen Wirtschaftspolitik noch wichtigere Koordination, nämlich die der *Entscheidungen* über wirtschaftspolitische Maßnahmen oder Programme, wird erforderlich, wenn in einer Wirtschafts-

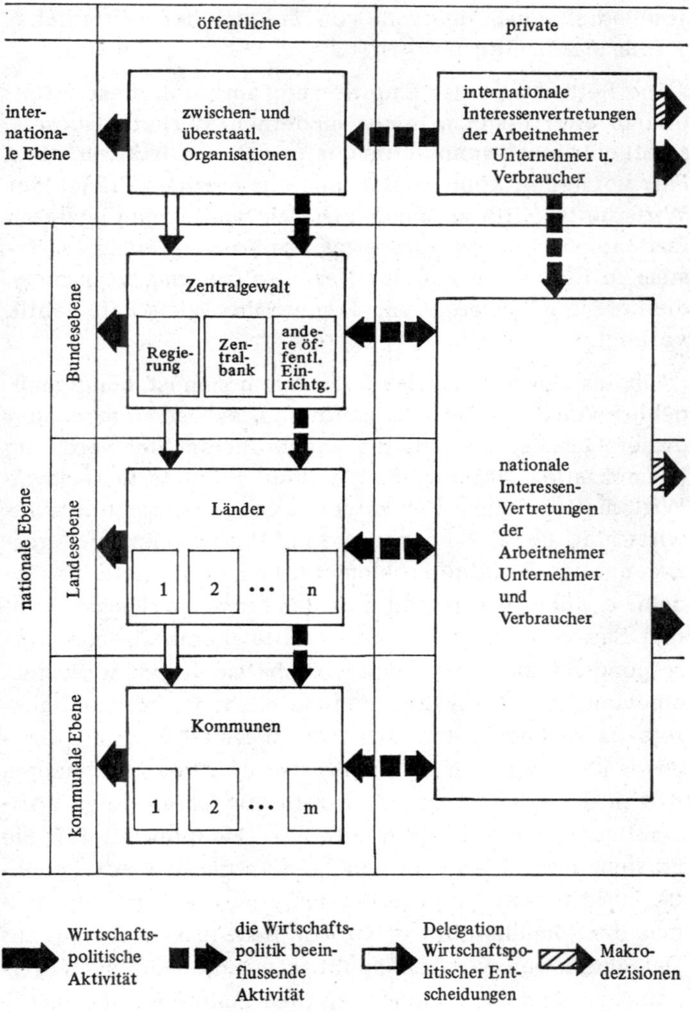

Abb. 1. Träger der Wirtschaftspolitik

gesellschaft eine *Mehrzahl* von Trägern der Wirtschaftspolitik gleichzeitig tätig ist.

Die Betrachtung der Empirie zeigt uns, daß diese Situation in aller Regel in einer modernen Wirtschaftsgesellschaft vorliegt, wenngleich wir uns theoretisch auch den Fall vorstellen können, daß nur ein einziger Träger der Wirtschaftspolitik vorhanden ist. Wir wollen den letzteren Zustand als ein *zentralisiertes* wirtschaftspolitisches System in Kontrastierung zur *Dezentralisierung* bezeichnen, die bei einer *Mehrzahl* von Trägern der Wirtschaftspolitik vorliegt.

Ob das eine oder andere System gegeben ist, hängt maßgeblich von der Gesellschaftsordnung, insbesondere von der dieser Gesellschaftsordnung zugeordneten Staatsordnung (Demokratie, Diktatur; Bundesstaat, Einheitsstaat) sowie Wirtschaftsordnung (Zentralverwaltungswirtschaft, Marktwirtschaft) ab. Wir können die mit diesem Hinweis angezogene vielschichtige Problematik hier nicht weiter behandeln; erwähnt sei deshalb nur der für unser Thema wichtige Sachverhalt, daß in der Realität keine strenge Korrespondenz zwischen dem wirtschaftspolitischen System einerseits und der Staats- und Gesellschaftsordnung andererseits zu beobachten ist. Auch in Diktaturen mit überwiegend zentralverwaltungswirtschaftlichen Ordnungen tritt in der Realität eine Mehrzahl von Trägern der Wirtschaftspolitik gleichzeitig auf. Der Hauptgrund für die Existenz einer Mehrzahl von Trägern der Wirtschaftspolitik auch in Diktaturen in der Empirie, die dem Zentralismus des Modells nicht entspricht, liegt in dem Zwang zur *Delegation* von wirtschaftspolitischer Entscheidungsträgerschaft auf andere Organe in solchen Fällen, wo spezifische Erfahrungen, regionale Bedingungen usw. für die Rationalität und Effizienz der Wirtschaftspolitik von überragender Bedeutung sind.

Es versteht sich von selbst, daß in weniger zentralisierten Staatsformen und Wirtschaftsordnungen diese Pluralität von Trägern der Wirtschaftspolitik erst recht zu beobachten ist, so daß wir mit gutem Grund diese Situation als den Regelfall bezeichnet haben. Von größerer Wichtigkeit und Aktualität für unsere Untersuchung als das Zentralisationsproblem ist daher das *Zuordnungsverhältnis* der Träger der Wirtschaftspolitik. In der Realität treffen wir hinsichtlich dieser Zuordnung sowohl das gleichrangige *Nebeneinander* wie auch die rangverschiedene *Über- und Unterordnung* an. Ein illustratives Beispiel für das erstgenannte Verhältnis des Nebeneinander ist die Beziehung zwischen Zentralnotenbank und Staat in vielen Ländern, in denen die Regierung keine Weisungsbefugnis gegenüber der Zentralnotenbank hat. Anders dagegen im Falle der untergeordneten Verwaltungsbehörden, die innerhalb eines *Ermessensspielraumes,* der von der Zentrale festgelegt wird oder nur für wirtschaftspolitische Aufgaben, die die Zentrale *delegiert* hat, als Träger der Wirtschaftspolitik fungieren. Wir wollen in diesem letzten Fall, wo Weisungsbefugnis, Aufsichtsrecht und dergl. bestimmter Träger der Wirtschaftspolitik gegenüber anderen Trägern vorliegt, von einem *obersten* Träger und *nachgeordneten* Trägern der Wirtschaftspolitik sprechen. Ein besonders illustratives Beispiel für die *Delegation* von wirtschaftspolitischer Entscheidungsträgerschaft sind die vielen Selbstverwaltungskörperschaften in der Bundesrepublik, wie Handwerks-, Landwirtschafts-, Industrie- und Handelskammern u. a. m. Für den anderen Fall der Entscheidungsträgerschaft auf der Grundlage und innerhalb der Grenzen eines *Ermessensspielraumes,* der der Exekutive vom obersten Träger der Wirtschaftspolitik eingeräumt wird, vermag die zuweilen erhebliche Verordnungsgesetzgebungstätigkeit der Wirtschaftsministerien als Beispiel dienen. Ergänzend kann schließlich bezüglich der Dezentralisation der Entscheidungsträgerschaft auf die Verhältnisse in Bundesstaaten hingewiesen werden, wo durch *Verfassung* den Gliedstaaten ein mehr oder weniger großes Betätigungsfeld für wirtschaftspolitische Entscheidungen bei mehr oder weniger großer Koordinationsbefugnis des Oberstaates eingeräumt wird.

Eine Unterscheidung auf einer anderen Ebene ist die zwischen *öffentlichen* und *privaten* Subjekten der Wirtschaftspolitik. In dieser Gegenüberstellung liegt ein wichtiger *qualitativer* Unterschied bezüglich der Träger der Wirtschaftspolitik. Die Gebiets- und Selbstverwaltungskörperschaften, die wir der ersten Gruppe zurechnen, können sich nämlich zwecks Durchsetzung der von ihnen beschlossenen Maßnahmen der *öffentlichen Gewalt* bedienen, während den privaten Trägern der Wirtschaftspolitik, wie etwa den wirtschaftspolitischen Verbänden, diese Möglichkeit nicht offensteht. Sie können sich daher nur auf ihre Macht stützen, über die sie verfügen, um Planaufstellung und Planvollzug von Wirtschaftssubjekten durch wirtschaftspolitische Maßnahmen in Form von Erklärungen, Informationen, Drohungen usw. zu beeinflussen. Eine Sondergruppe innerhalb der Kategorie der öffentlichen Träger der Wirtschaftspolitik bilden die super- und supranationalen Träger der Wirtschaftspolitik, wie etwa die Hohe Behörde der Montanunion, die EWG (Europäische Wirtschaftsgemeinschaft), die EFTA (Europäische Freihandelsgemeinschaft) und andere Einrichtungen dieser oder ähnlicher Art in Staatengemeinschaften. Wir behandeln sie deshalb als Sondergruppe, weil die einzelnen Organe mit sehr unterschiedlichen Kompetenzen und Befugnissen gegenüber den nationalen Trägern der Wirtschaftspolitik ausgestattet sind und sich in der Regel nur innerhalb eng begrenzter Sachbereiche der Wirtschaftspolitik betätigen. Zuweilen fungieren sie auch nur als *Koordinationsinstanzen* für die wirtschaftspolitische Aktivität der nationalen

Träger der Wirtschaftspolitik. Soweit es sich um eine rein beratende oder unverbindlich empfehlende Tätigkeit handelt, zählen wir die übernationalen Einrichtungen nicht zu den Trägern der Wirtschaftspolitik, was in gleicher Weise auch für die zwischenstaatlichen Wirtschafts- und Handelsorganisationen zutrifft, die sich der Vorbereitung und dem Abschluß zwischenstaatlicher Wirtschafts- und Handelsabkommen widmen (GATT, Internationaler Währungsfonds u. ä. m.).

Eine letzte Differenzierung schließlich, die wir hinsichtlich der Träger der Wirtschaftspolitik vornehmen wollen, ist die zwischen *gesamtwirtschaftlichen* und *gliedwirtschaftlichen* Trägern der Wirtschaftspolitik (regional, sektoral). Die Träger der ersten Kategorie sind zuständig für diejenigen wirtschaftspolitischen Maßnahmen, die den Gesamtorganismus der Volkswirtschaft betreffen, während das engere Tätigkeitsfeld der letzten auf einen *Ausschnitt* der Gesamtwirtschaft beschränkt ist. Ein Beispiel für die erste Kategorie ist wiederum die Zentralnotenbank, für die zweite die Fachministerien einer Regierung, soweit sie wirtschaftspolitisch selbständig handeln können. Die partielle Einwirkungsmöglichkeit kann sich aber auch aus regionalen Gliederungsprinzipien ergeben, etwa aus der auf ihr Verwaltungsgebiet begrenzten wirtschaftspolitischen Zuständigkeit der Länder in einem Bundesstaat oder die der Gebietskörperschaften in einem Einheitsstaat. Die Bedeutung dieser Unterscheidung für die praktische Wirtschaftspolitik liegt in dem unterschiedlichen *wirtschaftspolitischen Horizont* dieser beiden Kategorien, was dazu führt, daß in dem einen Falle die Wirtschaftspolitik mehr in gesamtwirtschaftlicher, in dem anderen Falle dagegen vorzugsweise in punktueller oder partieller Sicht betrieben wird.

3.3 Koordination bei Vielzahl von Trägern

Aus der Interdependenz des wirtschaftlichen Geschehens in einer Volkswirtschaft folgt nun, daß Maßnahmen, die in einem Sachbereich der Volkswirtschaft ergriffen werden, ihre Wirkungen auch auf anderen Bereichen zeitigen. Diese Feststellung gilt unabhängig von der Frage, ob gesamtwirtschaftliche Zielsetzungen oder auf einen Ausschnitt der Wirtschaft beschränkte Zielsetzungen angestrebt werden. Wie wir bei der späteren Behandlung der *Wirkungen* wirtschaftspolitischer Maßnahmen noch näher sehen werden, kann theoretisch nicht ausgeschlossen und in der Praxis häufig beobachtet werden, daß die Auswirkungen von Maßnahmen sich gegenseitig negativ beeinflussen. Die Gefahr dieses wirtschaftspolitischen Gegeneinanderwirkens, das der Rationalität und Effizienz der Wirtschaftspolitik so außerordentlich abträglich ist, ist umso aktueller, je *größer* die Zahl der Träger der Wirtschaftspolitik ist, die solche Maßnahmen auslösen können oder je *zahlreicher* die Maßnahmen sind, die ergriffen werden. Die oft berufene „Wirtschaftspolitik aus einem Guß" will eben diese Abträglichkeiten vermeiden, und sie ist nur über eine entsprechende *Koordination* der Aktivität der Träger der Wirtschaftspolitik zu erreichen. Diese Koordinierung sollte sich zweckmäßigerweise nicht nur auf die Aktivitäten in der Entscheidungsphase, sondern auch auf die der übrigen Phasen der Wirtschaftspolitik beziehen. Wie diese Koordination technisch zu bewerkstelligen ist, ob durch besondere Koordinierungsorgane, durch institutionelle Koordinierungsmechanismen, durch freiwillige Abstimmung usw., ist im Grundsatz uninteressant, wenn auch im Hinblick auf den erreichbaren *Koordinationsgrad* nicht unerheblich. Ein Beispiel für die freiwillige Koordinierung in der Bundesrepublik zeigt uns die für die Stabilität der Währung, Vollbeschäftigung, Zahlungsbilanzgleichgewicht u. a. wirtschaftspolitische Zielsetzungen unerläßliche Abstimmung zwischen der Bundesbank einerseits und dem Finanz- und Wirtschaftsministerium andererseits, die möglichst noch verbessert werden sollte; ein anderes Beispiel ist die *Konzertierte Aktion.* Ein institutioneller Koordinationsmechanismus ist — wiederum in der Bundesrepublik — die *Rahmengesetzgebungskompetenz* des Bundes für solche wirtschaftspolitischen Angelegenheiten, die nach der Verfassung in die Kompetenz der Länder fallen. Weitere Koordinationsorgane sind in der Bundesrepublik beispielsweise die Konferenz der Wirtschaftsminister, das Wirtschaftskabinett der Bundesregierung u. a. m. Unerwähnt bleiben darf in diesem Zusammenhang auch nicht die *Wirtschaftsplanung* (Planifikation) als mehr und mehr in den Vordergrund tretendes Koordinationsinstrument, auch in der Form der *Orientierungs-* oder *Richtplanung* so wie sie etwa in der Bundesrepublik durch Bundeswirtschaftsminister Prof. Schiller (Globalsteuerung) eingeführt wurde. Das für die Koordination dabei besonders wichtige Konzept der „Konzertierten Aktion" läßt schon rein terminologisch die Abstimmung der verschiedenen, an der Wirtschaftspolitik beteiligten Instanzen in der Gesellschaft in den Vordergrund treten.

Es sollte jedoch nicht übersehen werden, daß diese Koordinationsaufgabe schwierig zu bewältigen ist und daß eine vollkommene Koordination, so wünschenswert sie auch erscheint, in der Praxis nur schwer zu erreichen ist. Die Geschichte der Gegenwart zeigt uns in einer Fülle von Beispielen in allen Ländern, daß nicht einmal die Abstimmung zwischen den Maßnahmen der einzelnen Ministerien einer Regierung in dem Maße herbeigeführt werden kann, wie dies möglich wäre, obgleich wegen der schlechten Erfahrungen der Vergangenheit sowie auf Grund der von der wissenschaftlichen Wirtschaftspolitik zu dieser Frage beigesteuerten, neuen Erkenntnisse die Einsicht in die Notwendigkeit der Koordination bei allen maßgeblichen Stellen unvergleichbar höher als noch vor wenigen Dezennien ist. Wir wollen uns mit dieser Feststellung begnügen, ohne auf die vielfältigen Ursachen für diesen Sachverhalt eingehen zu können. Daß schließlich die Koordination der wirtschaftspolitischen Aktivität einer Vielzahl von *privaten* Trägern der Wirtschaftspolitik ein noch schwierigeres Unterfangen ist, ergibt sich beinahe zwangsläufig aus der häufig zu beobachtenden *Interessenorientiertheit* ihrer Wirtschaftspolitik, während für die öffentlichen Träger der Wirtschaftspolitik doch zumindest dem Prinzip und der Tendenz nach die allseitige Orientierung am Gemeinwohl eine nicht ungünstige Ausgangsbasis für die Koordination abgibt.

Wir wollen die Überlegungen zu diesem Punkt mit dem Hinweis auf die gesteigerte Bedeutung der *Kompetenzverteilung* und die Eindeutigkeit der *Kompetenzabgrenzung* in einem System mit einer Mehrzahl von Trägern der Wirtschaftspolitik beschließen. Sie erscheint uns für eine widerspruchsfreie und möglichst effiziente Wirtschaftspolitik von einer ähnlichen Wichtigkeit wie die Koordinaton selbst zu sein. Berücksichtigen wir, daß in einer modernen Wirtschaftsgesellschaft die Wirtschaftspolitik ganz überwiegend von öffentlichen und öffentlich-rechtlichen Trägern der Wirtschaftspolitik betrieben wird, dann kann diese letztere Aufgabe nicht nur im Prinzip, sondern auch de facto als lösbar gelten.

Was die privaten Träger der Wirtschaftspolitik angeht, so fehlt ihnen häufig eine formale Kompetenz für ihre wirtschaftspolitische Aktivität. Da sie jedoch faktisch als Träger der Wirtschaftspolitik fungieren und außerdem häufig zwecks Förderung der von ihnen vertretenen Interessen ihren Tätigkeitsbereich auszudehnen versuchen, kann es wichtig werden, diese Tendenz zur Ausweitung ihres wirtschaftspolitischen Wirkungsfeldes unter Kontrolle zu halten.

4. Die Situationsanalyse

4.1 Gegenwart

Jede politische Aktivität — und damit auch die Wirtschaftspolitik — wurzelt in der Prüfung der jeweiligen *Situation* und ihrem Vergleich mit einem als *erwünscht* angesehenen Zustand. Wir wollen deshalb in unserer Behandlung der Probleme, die sich bei der wissenschaftlichen Darstellung der Wirtschaftspolitik als zielbezogenes und in die Zukunft gerichtetes Handeln stellen, mit der Situationsanalyse beginnen.

Daß die möglichst vollständige und exakte Erfassung der jeweiligen Situation für die Effizienz der Wirtschaftspolitik von ausschlaggebender Bedeutung ist, ist so evident, daß wir nicht lange Erfahrung und Reflexion für die Begründung dieser These zu bemühen brauchen. Die Krankheit, die man nicht kennt, kann man nicht kurieren! Wir haben uns mit Absicht dieses Beispiel aus der Medizin ausgeliehen, weil sich der Wirtschaftspolitiker hinsichtlich der Situationsanalyse in einer ähnlichen Situation wie der Arzt befindet, für den ja bekanntlich die Götter *vor* die Therapie die Diagnose gesetzt haben. Wenngleich wir auch nicht den Vergleich zu weit treiben wollen, weil er wie beinahe jeder Vergleich hinkt, so macht er doch klar, daß alle wirtschaftspolitischen Maßnahmen, die ohne vorhergehende genaue Situationsanalyse ergriffen werden, hinsichtlich ihres Erfolges zufallsbedingt wären.

Bei dieser Situationsanalyse bewegt sich der Wirtschaftspolitiker in einem Bereich, dessen sich die Wissenschaft in der sogenannten *deskriptiven* Volkswirtschaftslehre mit Erfolg angenommen hat. Durch die beschreibende Darstellung sollen ohne wesentlichen Anspruch auf Deutung, Interpretation und Erklärung die *Fakten* über die Volkswirtschaft gesammelt werden, die die jeweilige Situation in quantitativer, qualitativer, struktureller und sonstiger Hinsicht wiedergeben. Ihre Hauptaufgabe ist die *Information* über die jeweiligen Gegebenheiten, wobei die Sammlung und Auswahl des Tatsachenmaterials von den Zwecken bestimmt wird, denen es dienen soll. Soweit *quantitative* Information erforderlich ist, wird die Deskription hauptsächlich in der Variante der *Wirtschaftsstatistik* betrieben.

In diesem Zusammenhang ist nun auf eine sehr wichtige Funktion hinzuweisen, die die Verbände in einer pluralistischen Massengesellschaft zu erfüllen haben und die wir als ihre *Informationsfunktion* bezeichnen wollen. Wir verstehen darunter die Tätigkeit der Verbände, die Träger der Wirtschaftspolitik über ökonomische Sachverhalte aufzuklären, die den von ihnen repräsentierten Mitgliederkreis bzw. die Branche betreffen, oder den Wirtschaftszweig, den sie vertreten. Diese Funktion der Verbände ist für den hier infrage stehenden Abschnitt der Planungsphase der Wirtschaftspolitik, die Situationsanalyse, deshalb von großer Wichtigkeit, weil sie *zusätzliche* Informationen liefern können, die der amtlichen Statistik oder generell externen Stellen nicht zugänglich sind. Selbstverständlich beschränkt sich diese Funktion nicht auf die Bereitstellung von statistischen Informationen, sondern jedwede sachliche Information über die ökonomischen Verhältnisse in den Kreisen ihrer Mitgliedschaft ist in sie einbezogen.

Es liegt auf der Hand, daß die praktische Wirtschaftspolitik sich in diesem Stadium mit Vorteil des von der Wissenschaft für ihre Zwecke gesammelten statistischen Materials sowie der von ihr entwickelten Methoden hinsichtlich der Beschaffung dieser Information bedienen kann; tatsächlich tut sie dies auch in zunehmendem Umfang. Die letzte Feststellung gilt nicht nur hinsichtlich des erheblichen Ausbaues der Wirtschaftsstatistik in den letzten Dezennien, sondern auch mit Rücksicht auf die Einrichtung von entsprechenden Forschungsabteilungen bei allen maßgeblichen Trägern der Wirtschaftspolitik, die weitgehende Berücksichtigung und Anwendung von Ergebnissen wissenschaftlicher Institute, die die Wirtschaftsbeobachtung pflegen, ihre Beauftragung mit Forschungsaufträgen usw. Gleichen Zwecken dienen auch die amtlicherseits oder in amtlichem Auftrage durchgeführten Enquêten, Gutachten, Memoranden usw., bei denen die Wissenschaft maßgeblich beteiligt wird.

Trotzdem scheint es uns, — und wir könnten diese Auffassung durch eine Reihe von Beispielen aus der jüngsten Vergangenheit belegen —, daß die praktische Wirtschaftspolitik die Dienste und Hilfestellung der Wissenschaft noch nicht in einem solchen Maße in Anspruch nimmt, wie dies für eine möglichst rationale und effiziente Wirtschaftspolitik zweckmäßig erscheint. Diese Feststellung gilt auch dann, wenn wir berücksichtigen, daß die Informationsbeschaffung *Kosten* verursacht und insofern ihrerseits dem Rationalprinzip unterworfen ist. Eine nicht voll gerechtfertigte Zurückhaltung von seiten der praktischen Wirtschaftspolitik scheint uns besonders hinsichtlich derjenigen Methoden und Instrumente vorzuliegen, die von der Wissenschaft in den letzten Dezennien mit dem Ziel entwikkelt wurden, durch Verschmelzung von Theorie und Statistik in der sog. *Ökonometrie* zu einer vertieften und für die Wirtschaftspolitik besonders geeigneten Information über quantitative, strukturelle, funktionale und sonstige Sachverhalte zu gelangen.

Wir wollen dabei als Ökonometrie im weiteren Sinne jede Art der wissenschaftlichen Analyse bezeichnen, die für die Konstruktion ihrer Modelle die Denkansätze und Fragestellungen aus der Wirtschaftstheorie bezieht, dabei jedoch die numerischen Werte für die Variablen, Konstanten, Parameter, Relationen und andere Elemente der Modelle aus der statistischen Erfassung der Realität gewinnt;

ihr Anliegen ist die möglichst exakte Aussage, im faktischen und insbesondere quantitativen Sinne.

Als Beispiele können wir die Gewinnung von Einkommens-, Preis- und Kreuzpreiselastizitäten für die Nachfrage, die Berechnung von Struktur- und Verhaltensrelationen (Konsumfunktion, Sparfunktion), Produktions- und Kapitalkoeffizienten, Produktionsfunktionen, Berechnung von Multiplikatoreffekten usw. anführen. Von besonderer Bedeutung sind in unserem Zusammenhang die *Volkswirtschaftlichen Gesamtrechnungen* und *Input-Output-Analysen,* weil sie eine umfassende und gleichzeitig detaillierte strukturelle und quantitative Information über den jeweiligen Zustand der Volkswirtschaft liefern. Beispiele für beide finden sich in den wirtschaftswissenschaftlichen Publikationen dieser Reihe. (so etwa bei Paulsen, A., Bd. I, 8. Aufl.)

4.2 Vergangenheit

Wenn wir im Zusammenhang mit der Situationsanalyse von Zustandserfassung gesprochen haben, so mit der stillschweigenden Einschränkung, daß durch die deskriptive Volkswirtschaftslehre immer nur in der Vergangenheit liegende Sachverhalte erfaßt werden. Die hier anvisierte Gegenwart ist also, genau genommen, jüngste Vergangenheit. Wird die Deskription noch weiter nach rückwärts in die Vergangenheit verlegt, dann betreiben wir *Wirtschaftsgeschichte* bzw. historische Wirtschaftsstatistik. In einem weiteren Sinne können wir diese beiden Teildisziplinen der deskriptiven Volkswirtschaftslehre zurechnen.

Die Frage, die sich allerdings bei dieser historisch deskriptiven Erfassung der Wirklichkeit stellt, ist die nach ihrer Zweckmäßigkeit und Fruchtbarkeit für die Wirtschaftspolitik. Wir können diese Frage bejahen, weil die zeitliche Ausdehnung der Untersuchung in die weiter zurückliegende Vergangenheit uns wichtige *zusätzliche* Informationen zu liefern vermag. Dadurch, daß verschiedene zeitlich zurückliegende Situationen auf die gleichen wirtschaftlichen Sachverhalte hin untersucht werden, wird der zeitliche Vergleich zwischen den interessierenden Sachverhalten möglich, und es kann außerdem darüber etwas ausgesagt werden, *wie* sich eine gegebene Situation aus den historisch vorangehenden Situationen entwickelt hat. Auf diese Weise können nicht nur historisch-empirische Regelmäßigkeiten und Tendenzen der Wirtschaftsentwicklung in einer Volkswirtschaft gewonnen, sondern auch das *zeitliche* Verhalten der interessierenden quantitativen, qualitativen, strukturellen usw. Phänomene kann sichtbar gemacht werden. Soweit die ökonometrische Betrachtungsweise bei diesem Zeitvergleich angewandt wird, können also wichtige Informationen über Tempo und Ausmaß der Veränderungen bzw. über die Veränderungsraten der erwähnten Daten, Variablen, Relationen usw. gewonnen werden.

Wird schließlich noch die Theorie mit zu Hilfe genommen, wie dies ja schon bei der ökonometrischen Methode der Fall ist, so können die Mechanismen und Wirkungszusammenhänge und damit die die Veränderungen kausal bewirkenden Faktoren aufgedeckt werden. Die Einsichten machen Aussagen darüber möglich, welche wirtschaftspolitischen Maßnahmen der Vergangenheit mit welchen positiven oder negativen Effekten an den Veränderungen beteiligt waren. Der Vergleich dieser tatsächlich aufgetretenen Effekte mit den in der Vergangenheit durch die Wirtschaftspolitik angestrebten Effekten beim Einsatz dieser Maßnahmen wiederum erlaubt eine Beurteilung der Effizienz der Wirtschaftspolitik der Vergangenheit sowie die Analyse der Ursachen und Gründe für die Abweichung der tatsächlich erzielten von den angestrebten Effekten.

Und schließlich wird es möglich, das wirtschaftspolitisch Unerwünschte und Unbefriedigende der jeweiligen Situation, die wirtschaftspolitischen „Übel" und Schwierigkeiten, auf ihre Ursachen und Gründe hin zu untersuchen. Ihre Erfassung vermag zuweilen wichtige Informationen und Aufschlüsse — ähnlich wie in der Medizin — über die anzuwendende wirtschaftspolitische Therapie, d. h. über die wirtschaftspolitischen Maßnahmen und über Kombinationen solcher Maßnahmen, die zwecks Anpassung der Verhältnisse an den gewünschten Zustand eingesetzt werden sollen, zu liefern. Wir sind im Gegensatz zu einigen Autoren (so insbesondere *Tinbergen*) der Auffassung, daß die Wahl der wirtschaftspolitischen Instrumente häufiger und in stärkerem Umfange durch die Ursachen bedingt ist, die das Unerwünschte der jeweiligen Situation bewirkt haben, als gemeinhin unterstellt wird. Da wir bei der Behandlung des Mitteleinsatzes noch näher auf diese Problematik eingehen werden, können wir uns an dieser Stelle mit diesem allgemeinen Hinweis begnügen.

4.3 Prognose

Wir sehen also, daß nicht nur die möglichst vollständige und detaillierte Erfassung der Fakten der Gegenwart, ausgewählt mit Rücksicht auf die jeweiligen wirtschaftspolitischen Problemstellungen, sondern auch ihre perspektivische Erweiterung in die nähere oder weitere Vergangenheit unverzichtbar ist und für die Wirtschaftspolitik von erheblichem praktischen Wert sein kann.

Der nächste logische Schritt in der Planungsphase der Wirtschaftspolitik ist die *Antizipation* der zeitlichen Entwicklung der interessierenden Phänomene in der näheren oder ferneren Zukunft. Bevor nämlich überhaupt der wirtschaftspolitische Eingriff näher ins Auge gefaßt wird, ist die Vorfrage zu prüfen, ob nicht die ständig evolutorisch verlaufende Entwicklung in der Wirtschaft unter gleichzeitiger Berücksichtigung der in der Vergangenheit ergriffenen, jedoch auch noch in der Zukunft wirkenden wirtschaftspolitischen Maßnahmen, die gewünschten Korrekturen innerhalb der als zulässig angesehenen Fristen ohne solchen Eingriff annäherungsweise oder vollständig in dem für notwendig erachteten Ausmaße zustandebringt. Es ist nämlich zu berücksichtigen, daß die möglichen wirtschaftspolitischen Maßnahmen, mit denen die gewünschte Korrektur vorgenommen werden soll, *Zeit erfordern:* sie müssen genau vorbereitet, geplant und realisiert werden, und ihre Wirkungen benötigen Zeit von unterschiedlicher Dauer, je nachdem, ob es sich um kurz-, mittel- oder langfristige Maßnahmen handelt.

Wir bezeichnen eine solche Antizipation der wirtschaftlichen Situation eines zukünftigen Zeitpunktes oder einer zukünftigen Periode als *Prognose,* wobei nach dem Zeitraum, mit dem sich die Untersuchung in die Zukunft erstreckt, die langfristige von der mittel- und kurzfristigen Prognose unterschieden wird. Die beiden wichtigsten Varianten sind die quantitative Prognose, die quantitative Vorhersagen über die zukünftige Entwicklung liefern will, und die qualitative Prognose, die Voraussagen über die zukünftige Entwicklung nicht quantifizierbarer Sachverhalte erstellt oder an die Stelle der eigentlich erwünschten quantitativen Prognosen in solchen Fällen tritt, in denen die quantitative Antizipation nicht möglich oder allzu unsicher ist.

Daß solche Prognosen sich mehr und mehr auch ökonometrischer Methoden bedienen, insbesondere soweit sie quantitative Voraussagen liefern sollen, liegt nahe, da es auch hier wieder um Aussagen über Veränderungen (absolut oder relativ) oder Veränderungsraten von Daten, Variablen, Parametern, Relationen und Funktionen usw. und von Systemen geht, deren Elemente die erwähnten Größen sind. Die Anwendung der Ökonometrie für die Zwecke der Prognose, auch in der Form von *Prognosemodellen,* liegt auch deshalb nahe, weil keine prinzipiellen Einwände gegen eine in die Zukunft vorverlegte ökonometrische Situationsanalyse gemacht werden können. Allerdings wirft die Vordatierung der Variablen des ökonometrischen Modells in die Zukunft, die für die Zwecke der Prognose erforderlich ist, zusätzliche Schwierigkeiten hinsichtlich der exakten Antizipation der numerischen Werte der Variablen auf.

Der einzig wichtig zu nehmende Einwand, der allerdings *jede* Art der Wirtschaftsprognose treffen würde, nämlich der der prinzipiellen und faktischen Unmöglichkeit der Prognostizierung, weil es um die Voraussage über menschliche Handlungen und die Ergebnisse dieser Handlungen im Bereiche der Wirtschaft gehe, und das wirtschaftliche Verhalten und Handeln des einzelnen Individuums nicht praedeterminiert seien, sticht glücklicherweise nicht. Wirtschaftsprognosen werden nämlich über das wirtschaftliche Verhalten von *Massen und Gruppen* und die daraus resultierenden qualitativen und quantitativen wirtschaftlichen Resultate abgegeben und hierfür gelten mehr oder weniger strenge massenstatistische, d. h. wahrscheinlichkeitsgesetzliche Regelmäßigkeiten. Diese letzten gestatten aber die faktische Vorhersage, wie die zunehmende Erstellung und Verwendung solcher Wirtschaftsprognosen in der Neuzeit durch wissenschaftliche Spezialinstitute, Forschungsinstitute der Wirtschaft und ähnliche Einrichtungen in der Verwaltung und anderen Zweigen des öffentlichen Lebens eindeutig zeigt.

Jede wirtschaftliche Prognose, die den Anspruch auf Wissenschaftlichkeit erhebt, muß bestimmten Bedingungen genügen (Verifizierbarkeit, Kommunikationsfähigkeit und Konsistenz). Ihr Wert für die Wirtschaftspolitik hängt von dem Grad ihrer Exaktheit ab, d. h. dem Grad ihrer Übereinstimmung mit der faktischen Entwicklung. Die Exaktheit wiederum wird durch eine Vielzahl von Faktoren bedingt, von denen in der Regel die Fristigkeit der Prognose eine beachtliche Rolle spielt. So ist es ohne weiteres einsichtig, daß die Vorhersage umso unsicherer und damit unexakter wird, je weiter sie in die Zukunft vorverlegt wird; dieser Sachverhalt ist der Grund dafür, daß die langfristigen Vorhersagen von manchen Autoren mit dem weniger anspruchsvollen Terminus *Projektionen* belegt werden und die Bezeichnung Prognose für die kurz- und mittelfristige Vorhersage reserviert wird.

Wegen der Vielzahl von Faktoren ist es nicht verwunderlich, daß Prognosen mit sehr unterschiedlichem und auch mit einem geringen Exaktheitsgrad erstellt und verwendet werden. Man stützt sich trotzdem auf sie, weil es immer noch besser ist, wenig zu wissen, als überhaupt nichts zu wissen, und die Politik gemäß der französischen Sentenz »gouverner c'est prévoir« auf die Prognose nicht verzichten kann. Bei erheblicher Unsicherheit kann man sich dadurch behelfen, daß die Fehlergrenzen mit angegeben werden, daß zusätzliche *Alternativprognosen* erstellt werden, daß statt bestimmter numerischer Werte ein Wertintervall angegeben wird, daß sie mit einschränkenden Bedingungen versehen wird oder daß schließlich nur qualitativ prognostiziert wird. Die gegenwärtig verbreitete Praxis der Prognose von Volkswirtschaftlichen Gesamtrechnungen (Prognosebudgets) läßt noch weitere Behelfsmöglichkeiten erkennen, die wir hier aber unerörtert lassen können.

Nicht zuletzt hängt die Sicherheit der Prognose von dem *zeitlichen Verhalten* der wirtschaftlichen Phänomene ab, die Gegenstand der Vorhersage sind. Informationen hierüber liefert aber die auf die *Vergangenheit* bezogene Situationsanalyse, und dieser Sachverhalt ist ein wichtiges Verbindungsglied zwischen beiden. Erst durch die *historische* Analyse gewinnen wir ja Informationen darüber, ob und in welchem Ausmaß bzw. mit welcher Häufigkeit und in welcher Richtung die quantitativen und qualitativen Merkmale der interessierenden ökonomischen Phänomene sich in der Vergangenheit verändert haben und welches zukünftige Verhalten somit mehr oder weniger wahrscheinlich ist. Diese Verbindung ist so eng, daß wir überspitzt und vereinfachend sogar formulieren können, daß die Prognose methodologisch im Prinzip nichts anderes als die zeitliche Übertragung einer beobachteten historischen Entwicklung bzw. Situation in die Zukunft darstellt. Dies ist ein weiterer wichtiger Grund dafür, in die Situationsanalyse nicht nur die Gegenwart, sondern auch die Vergangenheit mit einzubeziehen, wie wir dies vorgeschlagen haben.

Rationalität und Effizienz der Wirtschaftspolitik, so können wir abschließend feststellen, hängen maßgeblich von der Qualität der Prognostizierung ab. Es erscheint deshalb dringend angezeigt, daß auch von seiten der wissenschaftlichen Wirtschaftspolitik alle Anstrengungen unternommen werden, die Methoden der Wirtschaftsprognose und damit ihre Treffsicherheit zu verbessern, ihre Fehlermöglichkeiten und Fehlergrenzen einzuschränken und damit auf einem Wege fortzuschreiten, der trotz aller Rückschläge und Schwierigkeiten in den letzten Jahrzehnten doch zu einigen Erfolgen geführt hat.

4.4 Grenzen der Situationsanalyse

Allerdings können auch die erfolgreichsten Bemühungen in dieser Hinsicht nie zur Aufhebung der Grundsituation führen, daß wirtschaftspolitische Entscheidungen und damit die praktische Wirtschaftspolitik bei *unvollständiger Information* betrieben werden muß; unvollständig im Zusammenhang mit der Prognose deshalb, weil einerseits die Prognose im Bereich Wirtschaft — und damit menschliches Handeln — nie mit Sicherheit antizipieren kann und andererseits wegen der Vielfalt und Komplexität der wirtschaftspolitischen Maßnahmen — resultierend aus der Interdependenz des wirtschaftlichen und wirtschaftspolitischen Geschehens in Verbindung mit dem Charakter der Wirtschaftspolitik *als zeitliches Kontinuum* — nicht alles und jedes prognostiziert werden kann. Diese prinzipiellen

Schwierigkeiten können auch nicht durch den Wechsel der *Prognosetechniken* überwunden werden, wie etwa durch den Übergang von der einfacheren Indikatorprognose auf die Technik des Prognosebudgets oder des noch aufwendigeren Prognosemodelles. Wie auch jüngste Untersuchungen wieder bestätigt haben, wird die Treffsicherheit der kurz- oder mittelfristigen Prognose dadurch gegenwärtig nicht verbessert. Der Prozeß der Informationsbeschaffung muß deshalb aus Zeit- und/oder Kostengründen an einem Punkt abgebrochen werden, der mehr oder weniger weit von dem Idealzustand der *vollkommenen Information* entfernt liegt.

Wegen des dargelegten methodischen und sachlichen Zusammenhanges von Vergangenheits-, Gegenwarts- und Zukunftsbetrachtung in der Situationsanalyse gilt die gerade getroffene Feststellung in gleicher Weise auch für die Vergangenheits- und Gegenwartsanalyse mit der Folge, daß die *Informationsgewinnung* der praktischen Wirtschaftspolitik zweifach beschränkt ist: durch *zeitliche Verkürzung* und *sachliche Verengung* des *Informationshorizontes.* Berücksichtigten wir außerdem den an dieser Stelle notwendigen Hinweis, daß auch bei der Mittel-Analyse im Entscheidungsprozeß der Wirtschaftspolitik (vgl. Abschnitt 1.5 und 6.1) die Verengung und/oder zeitliche Verkürzung des *Modellhorizontes* nicht zu vermeiden ist, dann wird ohne weiteres einsichtig, daß die Unvollkommenheit der Information zumindest Konsequenzen für die *Strategie und Taktik* der Wirtschaftspolitik erfordert. Aus diesem Grund wird außerdem verständlich, daß in allerjüngster Zeit Versuche unternommen worden sind, die neuentwickelte *Entscheidungstheorie,* die das menschliche Handeln und Verhalten (auch von Gruppen) bei *Ungewißheit* und unvollkommener oder fehlender Information zum Gegenstand hat, auf die Entscheidungsprozesse in der praktischen Wirtschaftspolitik anzuwenden (vgl. hierzu Abschnitt 8.4).

5. Die Zielproblematik

5.1 Präferenzen und Ziele

Der nächste logische Schritt in der Planungsphase der Wirtschaftspolitik ist der Vergleich des durch die Situationsanalyse (einschließlich der Prognose) diagnostizierten Zustandes im Bereiche der Wirtschaft für einen bestimmten Zeitpunkt mit dem wirtschaftspolitisch erwünschten und angestrebten Zustand zu diesem Zeitpunkt. Ergibt dieser Vergleich Abweichungen, die von den Trägern der Wirtschaftspolitik als nicht tragbar angesehen werden, so werden wirtschaftspolitische Maßnahmen erforderlich, durch welche die Diskrepanz verringert werden kann.

Die Vorstellungen des Trägers der Wirtschaftspolitik über das, was in dem Kulturbereich der Gesellschaft, den wir als Wirtschaft bezeichnen, wünschenswert ist oder nicht, wird maßgeblich durch Anzahl, Inhalt und Rangordnung seiner *Präferenzen* bestimmt. Vereinfachend formuliert, handelt es sich dabei um die Wertvorstellungen — positiv oder negativ — die ökonomischen Phänomenen gegenüber dargebracht werden. Die Präferenzen werden entsprechend ihrer Wichtigkeit in eine bestimmte Rangordnung gebracht, und das Resultat ist dann eine *Präferenzskala.* Diese Präferenzskala muß bestimmten logischen Erfordernissen genügen, von denen das Erfordernis der *Konsistenz* besonders erwähnt werden soll.

Für den Bereich der Wirtschaftspolitik hat es sich eingebürgert, diese Präferenzskala als *wirtschaftspolitische Welfare-Funktion* zu bezeichnen. Der Träger der Wirtschaftspolitik entscheidet und handelt entsprechend dieser Welfare-Funktion, die in einem bestimmten Zusammenhang mit den *individuellen* Welfare-Funktionen der Wirtschaftssubjekte steht, deren Wirtschaften durch die Wirtschaftspolitik beeinflußt werden soll. In die Welfare-Funktion des Trägers der Wirtschaftspolitik gehen ebenso wie in die individuellen Welfare-Funktionen quantitative und qualitative Elemente ein, die das materielle und nicht-materielle ökonomische Wohlbefinden (Welfare) der Individuen beeinflussen, wie Quantität und Qualität der verfügbaren Güter, die für den Erwerb dieser Güter erforderlichen Anstrengungen, das Ausmaß der Freizeit, die Freiheit der wirtschaftlichen Betätigung usw. Wir wollen diese Präferenzen der Individuen als „individualistische" Präferenzen bezeichnen. Obwohl in die Welfare-Funktion des Trägers der Wirtschaftspolitik solche individualistischen Präferenzen mit eingehen, sind doch die individuellen Welfare-Funktionen und die *gesellschaftlichen* Welfare-Funktionen der Träger der Wirtschaftspolitik nicht identisch. In die Welfare-Funktion des Trägers der Wirtschaftspolitik geht nämlich eine zweite Gruppe von Wertschätzungen ein, die wir mit *Tinbergen* als „kollektive" Präferenzen bezeichnen wollen, d. h. Wertschätzungen, die ihre Wurzel in der Verantwortlichkeit des Wirtschaftspolitikers für die Gemeinschaftsbelange haben. Zum anderen ist in diesem Zusammenhang darauf hinzuweisen, daß es sich in dem einen Falle um individuelle, im anderen Falle dagegen um *gesellschaftliche* Welfare-Funktionen handelt, wobei letztere das Ergebnis eines komplizierten Meinungsbildungs- und Abstimmungsmechanismus innerhalb einer freiheitlich organisierten Gesellschaft sind. Dem Prinzip nach kann diese gesellschaftliche Welfare-Funktion als der zusammengefaßte Ausdruck der Vielzahl von individuellen Welfare-Funktionen der Bürger in einer Massengesellschaft gelten, wobei jedoch die sich aus dem *Repräsentationsproblem* ergebenden praktischen Schwierigkeiten neben den kollektiven Präferenzen nicht übersehen werden sollten.

Diese Welfare-Funktionen unterliegen — auch hinsichtlich der kollektiven Präferenzen — dem Einfluß einer Vielzahl von Faktoren; sie werden durch die Geistesströmungen der jeweiligen Zeit, durch das politische Klima und soziale Mileu geprägt und wandeln sich in der Regel nur allmählich, ausgenommen in Krisen- und Katastrophenzeiten, die durch eine Umwertung der Werte zu einer abrupten Änderung der Welfare-Funktion führen können. Nicht zuletzt unterliegen sie auch der Einwirkung der Wirtschaftswissenschaft selbst, die, wie die Erfahrungen von ihren Anfängen an zeigen, die öffentliche Meinung und damit auch die der Träger der Wirtschaftspolitik mit ihren Lehrmeinungen und Forschungsergebnissen immer wieder nachhaltig beeinflußt hat.

Nicht unerwähnt bleiben darf schließlich in diesem Zusammenhang auch die auf die öffentliche Meinungsbildung und die gesellschaftliche Welfare-Funktion der Träger der Wirtschaftspolitik gerichtete Aktivität der Interessenverbände und insbesondere der wirtschaftspolitischen Verbände. Wir sind mit der Mehrzahl der Autoren, die sich zu diesem Problem geäußert haben, der Meinung, daß die Verbände auch auf diesem Gebiet eine legitime und wichtige Funktion zu erfüllen haben, die nicht oder doch nur beschränkt von den politischen Parteien wahrgenommen werden kann. Damit nämlich die individuellen Welfare-Funktionen in die gesellschaftliche Welfare-Funktion eingehen können, müssen sie nicht nur den Trägern der Wirtschaftspolitik zur Kenntnis gelangen (Informationsfunktion der Verbände), sondern auch für den jeweiligen Interessenkreis auf einen einheitlichen Nenner gebracht werden. Es ist ganz offensichtlich in einer Massengesellschaft praktisch unmöglich, die gesellschaftliche Welfare-Funktion *direkt* aus einer Millionenzahl von differierenden Welfare-Funktionen ableiten zu wollen. Die zu berücksichtigende Anzahl muß vielmehr vorher auf ein praktikables Ausmaß beschränkt werden. Diese notwendige Reduktion auf eine, für ihren Mitgliederkreis typische oder repräsentative Welfare-Funktion wird innerhalb der Verbände und durch sie vollzogen, und wir wollen diese zweite wichtige Funktion der Verbände als ihre *Abstimmungsfunktion* bezeichnen.

5.2 Arten von Zielen

Werden die Konsequenzen aus den häufig allgemein gehalten Präferenzen auf konkrete wirtschaftliche Phänomene und Sachverhalte hin gezogen, d. h. werden sie konkretisiert, so sind das Ergebnis die anzustrebenden *Ziele* der Wirtschaftspolitik.

Wir sprechen mit Absicht von den Zielen im Plural, weil es immer um die Realisierung einer Mehrzahl von Zielen — um ein *Zielbündel* oder einen *Zielkatalog* bzw. *Zielsystem* — geht. In formaler Hinsicht konkretisiert sich dabei ein Ziel immer in der Änderung oder Beibehaltung eines ökonomischen oder ökonomisch-relevanten Sachverhaltes. Den Sachverhalt, dessen Beibehaltung oder Änderung angestrebt wird, wollen wir als *Zielsachverhalt* oder *Zielobjekt* bezeichnen. Sachverhalte, die sich der gezielten Beeinflussung durch wirtschaftspolitische Maßnahmen entziehen und deshalb keine Zielsachverhalte darstellen können, wollen wir als *Daten* bezeichnen. Solche Daten sind beispielsweise das Klima, Produktionsperioden in der Landwirtschaft, der Vorrat an Lagerstätten, häufig die Menge des zur Verfügung stehenden Bodens, bestimmte Institutionen (rechtliche, politische, soziologische u. a. m.). In unserer Aufzählung sind sowohl Daten enthalten, die sich im Zeitablauf nicht ändern (konstante Daten), als auch solche, die zeitliche Veränderungen aufweisen (variable Daten), wobei selbstverständlich der jeweilige Betrachtungszeitraum berücksichtigt werden muß. Werden die Betrachtungsperioden sehr kurz gewählt, dann sind nahezu alle Daten konstant. Ein besonders illustratives Beispiel für sich häufig ändernde Daten sind Ausschnitte aus der Wirtschaftspolitik der Partnerländer eines Landes bezüglich des Außenhandels.

Die möglichen Zielsachverhalte umspannen den gesamten Bereich der wirtschaftspolitischen Zielsetzungen und sind deshalb sehr zahlreich und differenziert. Wenige Beispiele mögen das verdeutlichen: Beschäftigung, Zahlungsbilanz, Stabilität des Geldwertes, Volkseinkommen, Investitions-, Konsum- und Spartätigkeit, Elastizität des Preismechanismus, Preis- und Einkommenselastizitäten, Wettbewerbsintensität, Wirtschaftsordnung, geographische Verteilung der Wirtschaftsaktivität, Marktinformation und Markttransparenz, Spezialisierungsgrad u. a. m. Wir haben in unserer Aufzählung mit Absicht Zielsachverhalte gewählt, die die *Struktur, den Wirtschaftsprozeß, die Wirtschaftsordnung,* das *Verhalten der Wirtschaftssubjekte* und andere Sachverhalte betreffen, um die außerordentlich große Mannigfaltigkeit und Differenziertheit der Zielsachverhalte sichtbar zu machen. Aus den *Zielobjekten* oder *Zielsachverhalten* gehen im Entscheidungsprozeß der Wirtschaftspolitik in dem Augenblick *Ziele* hervor, in dem der jeweilige Träger der Wirtschaftspolitik *Richtung* und *Ausmaß* bzw. *Charakter* der intendierten Beeinflussung der jeweiligen Zielobjekte programmatisch festlegt.

Soweit die zu beeinflussenden Sachverhalte, die in die Zielsetzungen eingehen, quantifizierbar sind, kann auch das jeweilig angestrebte Ausmaß der Beeinflussung des Sachverhaltes im Prinzip quantitativ (numerisch) fixiert werden. Im Anschluß an *Tinbergen* wollen wir diese Art von Zielsachverhalten als *quantitative Zielvariable* bezeichnen. Ihre zielmäßige Fixierung ist in absoluten Größen (100 Mrd. DM Volkseinkommenssteigerung) oder in Relativzahlen möglich (Zunahme der Beschäftigung um 3 %). Sie muß nicht notwendigerweise auf einen einzigen numerischen Wert hin erfolgen, sondern kann sich auch mit einem Ausschnitt aus der Zahlenreihe begnügen (Beschäftigungszunahme zwischen zwei und vier Prozent) oder auf einen nur in einer Richtung limitierten Ausschnitt beschränken (generelle Preissteigerung nicht mehr als 2 %, Beschäftigungszunahme nicht weniger als 3 %). Außerdem kann die Quantifizierung in der Form von *zeitlichen Veränderungsraten* und *Stabilitätskriterien* (Häufigkeit von Schwankungen im Zeitablauf, Amplitudenfixierung) erfolgen, um nur die wichtigsten zu nennen. Und schließlich kann die Quantifizierung auf ein nicht näher definiertes Minimum oder Maximum hin vorgenommen werden (möglichst großes Wachstum des Volkseinkommens, möglichst geringe Abnahme der Beschäftigung). Durch die quantitative Fixierung der *Zielvariablen* erhalten wir nach dem gerade Ausgeführten *quantitative Ziele.*

In einem gewissen Sinne stellen die letzten Beispiele bereits den Übergang zu einer anderen Gruppe von Zielsachverhalten dar, die zwar nicht quantifizierbar im kardinalen Sinne sind, bei denen aber das angestrebte Ausmaß der Veränderungen der Zielsachverhalte im *ordinalen* Sinne (größer oder kleiner) festgelegt werden kann.

In diesem Falle wollen wir von *qualitativen Zielobjekten* und entsprechend von *qualitativen Zielen* sprechen. Beispiele für solche qualitativen Ziele sind: Konzentrationsgrad der Wirtschaft, Grad der Außenhandelsverflechtung, Elastizität des Steuersystems, selektive Ausrichtung des Technischen Fortschritts, Qualität des Produktangebotes, Verbesserung der Raumstruktur u. a. m.

Beide Arten von Zielen können sich auf einen *Zeitpunkt* oder einen *Zeitraum* beziehen; im ersten Falle wird die Realisierung der angestrebten qualitativen oder quantitativen Änderung auf einen Zeitpunkt datiert, im letzteren Falle auf einen Zeitraum. Als Beispiel für die erste Variante kann die quantitativ erwünschte Vergrößerung des Kapitalstocks zu einem bestimmten Stichtag dienen, während die Wiederherstellung des Zahlungsbilanzgleichgewichts innerhalb einer bestimmten Periode als Beispiel für den letzten Fall herangezogen werden kann.

Außerdem besteht die Möglichkeit, die wirtschaftspolitisch erwünschte Zielrealisierung an *Bedingungen* zu knüpfen. So kann beispielsweise die angestrebte Änderung der Zielvariablen davon abhängig gemacht werden, daß bestimmte qualitativ oder quantitativ festgelegte Voraussetzungen erfüllt sind (der Wohnungsbestand soll bis zu einem bestimmten Zeitpunkt um 5 % wachsen, wenn die Bevölkerung bis zu diesem Zeitpunkt um 4 % zunimmt; das Haushaltsdefizit der öffentlichen Hand soll um 3 % vergrößert werden, wenn innerhalb eines bestimmten Zeitraumes die Beschäftigung nicht gestiegen ist). Zuweilen werden auch die Bedingungen in der Art und Weise gesetzt, daß irgendwelche Ereignisse, die als *Auswirkungen* der Veränderung der Zielvariablen angesehen werden, eintreten oder nicht eintreten. Wir werden auf diesen Punkt bei der später folgenden Behandlung der *Effekte* wirtschaftspolitischer Maßnahmen noch des näheren eingehen und können uns deshalb an dieser Stelle mit diesem Hinweis begnügen. Die Unterscheidung von quantitativen und qualitativen Zielen darf im übrigen nicht mit einer ebenfalls gebräuchlichen, anderen Gegenüberstellung verwechselt werden: *flexible* und *inflexible* Ziele der Wirtschaftspolitik. Obwohl beachtliche Überschneidungen festzustellen sind — insbesondere hinsichtlich der qualitativen mit den flexiblen Zielen —, so wird doch aus unserer Darlegung über die quantitativen Ziele klar ersichtlich, daß auch sie den Charakter von flexiblen Zielen haben können, sofern die Quantifizierung des Zieles nicht auf einen bestimmten numerischen Wert hin erfolgt, sondern auf Zahlenintervalle, Minima oder Maxima usw.

Zu diesen Auswirkungen aus der Zielrealisierung gehören auch solche, die auf *andere* Zielsachverhalte ausstrahlen, in welchem Zusammenhang die Unterscheidung von *Fundamentalzielen* einerseits und *Zwischenzielen* bzw. *Vorzielen* andererseits bedeutsam wird (vgl. Abb. 2). Bei

F \ F	F_1	F_2	F_3	..	F_p
F_1	=	+	–		⊙
F_2	+	=	+		–
F_3	–	+	=		+
.					
.					
F_p	⊙	–	+		=

Zielvereinbarkeit:
+ widerspruchsfrei
– widersprüchlich
○ indifferent
= voll identisch

Z \ Z	Z_1	Z_2	Z_3	..	Z_n
Z_1	=	⊙	+		–
Z_2	⊙	=	–		+
Z_3	+	–	=		⊙
.					
.					
Z_n	–	+	⊙		=

Stärkere Schraffur zeigt größere Relevanz des Komplexes für Welfare-Funktion

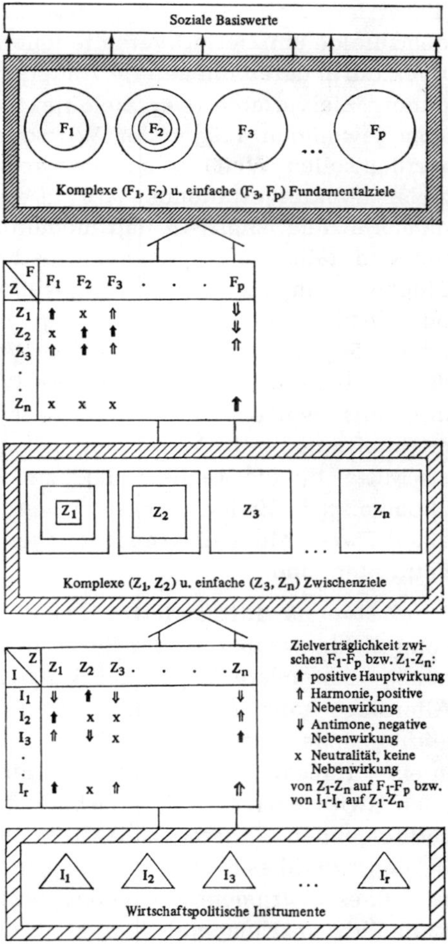

Z \ F	F_1	F_2	F_3	. . .	F_p
Z_1	⬆	x	⇑		⇓
Z_2	x	⬆	⬆		⇓
Z_3	⇑	⬆	⇑		⇑
.					
.					
Z_n	x	x	x		⬆

I \ Z	Z_1	Z_2	Z_3	. . . .	Z_n
I_1	⇓	⬆	⇓		⇓
I_2	⬆	x	x		⇑
I_3	⇑	⬇	x		⬆
.					
.					
I_r	⬆	x	⇑		⇑

Zielverträglichkeit zwischen F_1-F_p bzw. Z_1-Z_n:
⬆ positive Hauptwirkung
⇑ Harmonie, positive Nebenwirkung
⇓ Antimone, negative Nebenwirkung
x Neutralität, keine Nebenwirkung
von Z_1-Z_n auf F_1-F_p bzw. von I_1-I_r auf Z_1-Z_n

Abb. 2

dieser letztgenannten Gruppe von Zielen handelt es sich demzufolge um Zielsachverhalte (quantitative und qualitative), durch deren intendierte Änderung bzw. Beibehaltung *andere* Zielvariable oder Zielobjekte beabsichtigterweise vom jeweiligen Träger der Wirtschaftspolitik beeinflußt werden sollen. Weil also beispielsweise von den Zwischenzielen Effekte gestaltender Art auf ein oder mehrere Fundamentalziele empirisch und modelltheoretisch zu erwarten sind, fällt dem jeweiligen Zwischenziel neben seinem Eigenwert in der kollektiven Welfare-Funktion *Mittel-* oder *Instrumentalcharakter* zu (vgl. hierzu Kap. 6, u. Abschnitt 5.3). Fundamentalziele der Wirtschaftspolitik sind demzufolge die „letzten" Ziele der Wirtschaftspolitik, die ihrerseits zwar über Zwischenziele infolge des Wirkungsmechanismus realisiert werden, selbst jedoch selbst *nicht* als Mittel für die Realisierung bzw. Teilrealisierung von ökonomischen Zielen eingesetzt werden können, die i. S. eines Zweck-Mittel-Zusammenhanges als *vorgelagert* zu betrachten sind.

Selbstverständlich ändert sich an diesem Sachzusammenhang nichts, wenn statt der Bezeichnung Zwischenziel der häufig verwendete Begriff des *Vorzieles* verwendet wird. Allerdings kann mit dieser neuen Bezeichnung auch ein leicht geänderter Sachverhalt gemeint sein: das erste Glied in einer Kausalkette von mehreren hintereinandergeschalteten Zwischenzielen kann deshalb definitorisch von den nachfolgenden Zwischenzielen der Kette unterschieden werden, weil dieses erste Zwischenziel nur durch den Einsatz eines *Instrumentes* realisiert werden kann, das ausschließlich Instrumental-Charakter in der betreffenden Zweck-Mittel-Beziehung hat, d. h. seinerseits nicht selbst durch den Einsatz von wirtschaftspolitischen Instrumenten manipuliert werden kann. Als Beispiel für ein solches Vorziel könnte der konjunkturpolitisch motivierte Abbau der *Bankenliquidität* durch Erhöhung des Mindestreservesat-

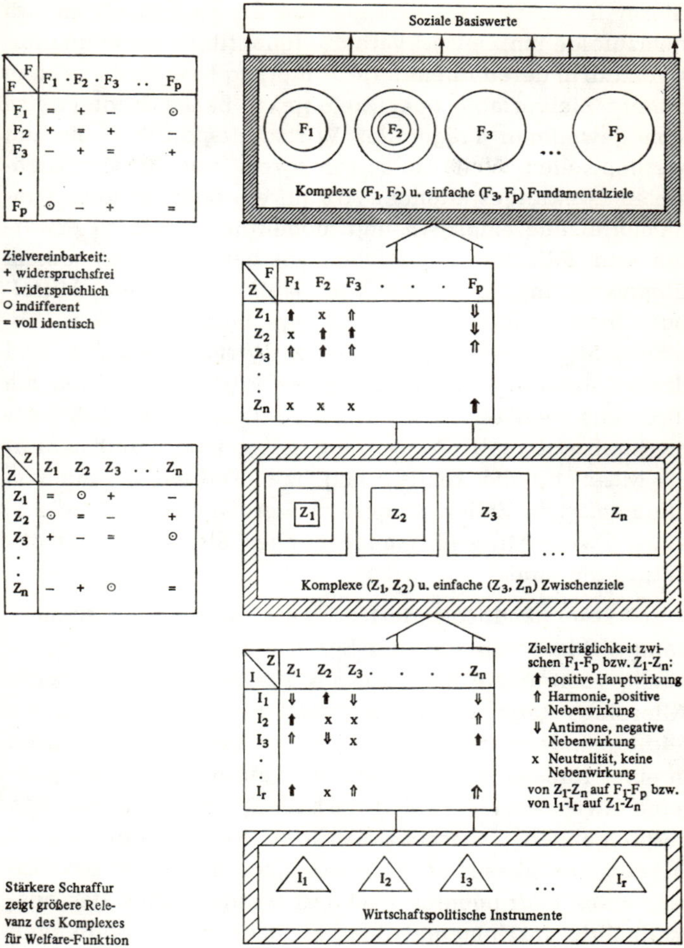
Soziale Basiswerte
F1
F2
F3
Fp
Komplexe (F1, F2) u. einfache (F3, Fp) Fundamentalziele
F \ F | F1 · F2 · F3 .. Fp
F1 | = + – ⊙
F2 | + = + –
F3 | – + = +
Fp | ⊙ – + =
Zielvereinbarkeit:
+ widerspruchsfrei
– widersprüchlich
○ indifferent
= voll identisch
Z \ F | F1 F2 F3 . . . Fp
Z1 | ⬆ x ⇑ ⇓
Z2 | x ⬆ ⬆ ⇓
Z3 | ⇑ ⬆ ⇑ ⇑
Zn | x x x ⬆
Z \ Z | Z1 Z2 Z3 .. Zn
Z1 | = ⊙ + –
Z2 | ⊙ = – +
Z3 | + – = ⊙
Zn | – + ⊙ =
Z1
Z2
Z3
Zn
Komplexe (Z1, Z2) u. einfache (Z3, Zn) Zwischenziele
I \ Z | Z1 Z2 Z3 . . . . Zn
I1 | ⇓ ⬆ ⇓ ⇓
I2 | ⬆ x x ⇑
I3 | ⇑ ⇓ x ⬆
Ir | ⬆ x ⇑ ⇑
Zielverträglichkeit zwischen F1-Fp bzw. Z1-Zn:
⬆ positive Hauptwirkung
⇑ Harmonie, positive Nebenwirkung
⇓ Antimone, negative Nebenwirkung
x Neutralität, keine Nebenwirkung
von Z1-Zn auf F1-Fp bzw. von I1-Ir auf Z1-Zn
I1
I2
I3
Ir
Wirtschaftspolitische Instrumente
Stärkere Schraffur zeigt größere Relevanz des Komplexes für Welfare-Funktion

Abb. 2

dieser letztgenannten Gruppe von Zielen handelt es sich demzufolge um Zielsachverhalte (quantitative und qualitative), durch deren intendierte Änderung bzw. Beibehaltung *andere* Zielvariable oder Zielobjekte beabsichtigterweise vom jeweiligen Träger der Wirtschaftspolitik beeinflußt werden sollen. Weil also beispielsweise von den Zwischenzielen Effekte gestaltender Art auf ein oder mehrere Fundamentalziele empirisch und modelltheoretisch zu erwarten sind, fällt dem jeweiligen Zwischenziel neben seinem Eigenwert in der kollektiven Welfare-Funktion *Mittel-* oder *Instrumentalcharakter* zu (vgl. hierzu Kap. 6, u. Abschnitt 5.3). Fundamentalziele der Wirtschaftspolitik sind demzufolge die „letzten" Ziele der Wirtschaftspolitik, die ihrerseits zwar über Zwischenziele infolge des Wirkungsmechanismus realisiert werden, selbst jedoch selbst *nicht* als Mittel für die Realisierung bzw. Teilrealisierung von ökonomischen Zielen eingesetzt werden können, die i. S. eines Zweck-Mittel-Zusammenhanges als *vorgelagert* zu betrachten sind.

Selbstverständlich ändert sich an diesem Sachzusammenhang nichts, wenn statt der Bezeichnung Zwischenziel der häufig verwendete Begriff des *Vorzieles* verwendet wird. Allerdings kann mit dieser neuen Bezeichnung auch ein leicht geänderter Sachverhalt gemeint sein: das erste Glied in einer Kausalkette von mehreren hintereinandergeschalteten Zwischenzielen kann deshalb definitorisch von den nachfolgenden Zwischenzielen der Kette unterschieden werden, weil dieses erste Zwischenziel nur durch den Einsatz eines *Instrumentes* realisiert werden kann, das ausschließlich Instrumental-Charakter in der betreffenden Zweck-Mittel-Beziehung hat, d. h. seinerseits nicht selbst durch den Einsatz von wirtschaftspolitischen Instrumenten manipuliert werden kann. Als Beispiel für ein solches Vorziel könnte der konjunkturpolitisch motivierte Abbau der *Bankenliquidität* durch Erhöhung des Mindestreservesatzes dienen, wobei das Instrument der Mindestreservesatz ist, der Abbau der Bankenliquidität das Vorziel und die Verringerung der privaten Investitionsausgaben das Zwischenziel.

Instrumentalcharakter im Hinblick auf vorgelagerte Zielobjekte kommt einem Ziel auch dann nicht zu, wenn mit ihm nichts weiter als die *Teilrealisierung* eines bestimmten Zieles gemeint ist, wie im Falle der Unterscheidung von *Nah-* und *Fernzielen.* In diesem Falle wird auf den zeitlichen Aspekt der Wirtschaftspolitik abgestellt und entsprechend der Prozeß der Zielrealisierung in eine Sequenz von zeitlichen Abschnitten oder Stufen eingeteilt. In jeder Stufe wird das Ziel im zunehmenden Sinne verwirklicht, wobei der Realisierungsgrad in einer bestimmten Phase des Annäherungsprozesses als Nahziel verstanden werden kann. Das Beispiel der absoluten Geldwertstabilität mag zur Demonstration dienen: da sie in einem einzigen Schritt wenig Realisierungschancen besitzt, wird als Nahziel eine verringerte (und sich schrittweise verringernde) Inflationsrate eingeführt. Das Nahziel kann deshalb auch als Stufen- oder Abschnittziel charakterisiert werden.

Die Berührungspunkte der letztbehandelten Zweiteilung mit der sehr gebräuchlichen Trennung der Ziele in *kurz-* und *langfristige* sind nicht zu übersehen. Trotzdem muß festgehalten werden, daß bei dieser Trennung in der Regel ausschließlich auf den Zeitbedarf für die Zielrealisierung abgestellt wird. Kurzfristige Ziele sind dementsprechend kurzfristig realisierbare Ziele, wobei die hierbei erforderliche Zeitspanne erheblich kürzer ist als bei den langfristigen Zielen.

Weniger gebräuchlich, weil erst in jüngster Zeit in wissenschaftlichen Untersuchungen eingeführt, ist die Unterscheidung in *komplexe* und *einfache* Ziele. Nichtsdestoweniger wollen wir uns ihrer an anderer Stelle bedienen, weil sie uns die begriffliche Klärung des Verhältnisses von *Teilzielen* einerseits und Vor- und Zwischenzielen andererseits ermöglicht. Komplexe (zusammengesetzte) Ziele liegen dann vor, wenn das Zielobjekt nichts weiter als die Zusammenfassung einer Reihe von Zielkomponenten darstellt. Diese Zielkomponenten, die umgangssprachlich häufig als Teilziele bezeichnet werden, haben im Gegensatz zu den Zwischen- oder Vorzielen keinen Mittelcharakter für das komplexe Ziel, vielmehr wird durch ihre Realisierung uno actu auch das komplexe Ziel verwirklicht. Im Verhältnis von Vor- und Zwischenzielen bzw. Zwischen- und Fundamentalzielen dagegen liegen *separate* Zielobjekte vor, wenngleich auch die Fundamentalziele in aller Regel komplexe Ziele, wie beispielsweise ökonomische Sicherheit, ökonomische Freiheit usw. sind.

Die Komplexität der Ziele sollte aus Gründen terminologischer Klarheit nicht mit der *Mehrdimensionalität* der Ziele gleichgesetzt werden. Vielmehr sollten solche Ziele als *mehrdimensional* — im Gegensatz zu *eindimensionalen* Zielen — bezeichnet werden, durch deren Realisierung unterscheidbare und separate wirtschaftspolitische Vorhaben deshalb *gleichzeitig* gefördert werden, weil das Ziel nicht ausschließlich mit einem einzigen Vorhaben gleichgesetzt werden kann. Ein Beispiel aus der Strukturpolitik mag den Sachverhalt näher verdeutlichen: werden bestimmte strukturverbessernde Maßnahmen — etwa mit dem Ziel der Förderung des Fremdenverkehrs durch Verkehrserschließung bestimmter Räume — durchgeführt, dann bedeutet dies u. a. auch gleichzeitig eine Verstärkung des Wachstums bzw. Erfüllung bestimmter wachstumspolitischer Zwischenziele.

Die letzte Unterscheidung, die wir hinsichtlich der Ziele behandeln wollen und die auch im Schrifttum häufig gemacht wird, ist die zwischen *ökonomischen* und *außerökonomischen* Zielen. Sie wird aktuell bei der Streitfrage, ob die wissenschaftliche Wirtschaftspolitik sich in ihren Untersuchungen auch mit außerökonomischen Zielsetzungen befassen soll oder nicht und ob sie das ohne die ihr durch die Forderung nach Objektivität und den Gegenstand selbst gezogenen Grenzen legitimerweise tun kann. Daß durch den Einsatz von wirtschaftspolitischen Maßnahmen solche Ziele, die einem anderen Kulturbereich als dem der Wirtschaft angehören, verwirklicht werden können, ist eine Tatsache, die durch unsere Erfahrung beinahe tagtäglich bestätigt wird. Beispiele sind etwa verkehrswirtschaftliche Maßnahmen mit wehrwirtschaftlichen Zielsetzungen, Maßnahmen der Verbrauchspolitik mit volkshygienischen Zielsetzungen oder einkommenspolitische Maßnahmen mit staats- und gesellschaftspolitischen Zielsetzungen. Es ist offensichtlich, daß mit der Aufnahme solcher Zielsetzungen in den Ziel-Katalog der Wirtschaftspolitik der wissenschaftlich zu behandelnde Gegenstand über den Bereich der Wirtschaft hinaus ausgedehnt wird. Die Gefahr, die damit auftaucht, ist die, daß von der wissenschaftlichen Wirtschaftspolitik Aussagen gemacht werden, für die ihr die Kompetenz abgeht.

Es erscheint deshalb und aus weiteren Gründen angebracht, daß die wissenschaftliche Wirtschaftspolitik sich bei der Beschäftigung mit der Zielproblematik auf solche Ziele beschränkt, die *innerhalb* des Kulturbereiches der Wirtschaft liegen, d. h. auf „ökonomische" Zielsetzungen. Sie setzt sich damit bewußt Grenzen, ohne jedoch einem „Ökonomismus" verfallen zu müssen, der diese außerökonomischen Zielsetzungen nicht sieht oder sehen will, denen die Wirtschaftspolitik dienstbar gemacht werden kann, oder gar die Forderung impliziert, daß ökonomische Zielsetzungen die allein „wesentlichen" sein sollten.

Eine solche Selbstbeschränkung der wissenschaftlichen Wirtschaftspolitik erscheint uns möglich, wenngleich auch von einigen Autoren die gegenteilige Auffassung mit dem

Argument vertreten wird, daß die methodologisch einwandfreie Abgrenzung der ökonomischen von den außerökonomischen Zielsetzungen nicht möglich sei bzw. daß *sämtliche* Zielsetzungen, mit denen sich die Wirtschaftspolitik zu beschäftigen habe, außerökonomischer Natur seien; jedenfalls seien die „letztendlichen" Anliegen auch der Wirtschaftspolitik solche außerökonomischer Natur.

Wir können die letzte These durchaus akzeptieren und außerdem zugestehen, daß das Wirtschaften und die mit Hilfe des Wirtschaftens angestrebten Ziele nicht Selbstzweck der menschlichen Existenz sind, sondern Instrumental- oder Mittelkarakter haben. Wir würden damit die These akzeptieren, daß die Ziele des Wirtschaftens *Zwischenziele* für irgendwelche übergeordneten Ziele sind. Die Konsequenz, die sich aus diesem Zugeständnis für die Wirtschaftspolitik ergeben würde, wäre die, daß wir den wirtschaftspolitischen Maßnahmen, die ja auf die Beeinflussung des Wirtschaftens gerichtet sind, wie auch *sämtlichen* Zielen der Wirtschaftspolitik *Mittelcharakter* zuerkennen müßten. Aus diesem Zugeständnis folgt aber nicht, daß aus den ökonomischen Zielsetzungen der Wirtschaftspolitik außerökonomische Zielsetzungen würden; vielmehr ändert sich nach unserer Auffassung dadurch nichts an dem ökonomischen Charakter der Zielsetzungen der Wirtschaftspolitik.

5.3 Das Zuordnungsverhältnis der Ziele

Die Einsicht, daß die durch wirtschaftspolitische Maßnahmen angestrebten Ziele ihrerseits wiederum als Mittel für andere Ziele — ökonomischen oder nicht-ökonomischen Charakters — aufgefaßt und eingesetzt werden können, stellt uns vor die grundsätzliche Frage nach dem Verhältnis der Ziele sowie ihren Beziehungen zueinander, die wir nun etwas näher untersuchen wollen. Entsprechend unserem Vorschlag wollen wir uns dabei auf die ökonomischen Zielsetzungen beschränken.

Mit der Vorstellung, daß ein Ziel als Mittel oder als Instrument für ein anderes Ziel dienen kann, ist notwendigerweise die andere verbunden, daß ein *Wirkungszusammenhang* zwischen den beiden Zielen derart gegeben ist, daß durch die Realisierung des Vorzieles Effekte *ursächlich* ausgelöst werden, die vorausschaubar bzw. vielleicht sogar vorausberechenbar sind und zur Realisierung oder Teilrealisierung des Endzieles führen. Das Zuordnungsverhältnis, das hier durch die Unterscheidung von Vor- und Endzielen zum Ausdruck gebracht wird, ergibt sich also aus diesem *Wirkungszusammenhang*. Daneben kann das Verhältnis zwischen einer Mehrzahl von Zielen noch zumindest als *logische* Beziehung, *zeitliche* Beziehung sowie als *Präferenzbeziehung* bestimmt werden.

Wenden wir uns zuerst dem Zuordnungsverhältnis auf der Basis des *Wirkungszusammenhanges* zu. Ausgangspunkt der Einordnung sind hier die erwähnten Effekte, die von bestimmten Zielen auf andere Ziele ausgehen sowie die *Richtung* dieser Effekte. Ob und welche dieser Effekte bestehen, ergibt sich aus der Beobachtung zusammen mit der theoretischen Analyse. Formal sind diese Effekte als das Nettoergebnis der *Anpassungsreaktionen* der Wirtschaftssubjekte zu kennzeichnen, deren Wirtschaftspläne durch die Realisierung des Vorzieles negativ oder positiv beeinflußt werden. Ihre ökonomischen Wahlhandlungen erbringen ein anderes qualitatives oder quantitatives Ergebnis als es sich ohne die Realisierung des Vorzieles (quantitative oder qualitative Zielvariable) ergeben hätte.

Demonstrieren wir diesen Gedankengang an einem einfachen Beispiel: die beiden Zielvariablen seien Zinssatzsenkung und Investitionstätigkeit, wobei der Zinssatz das Vorziel darstellt. Wird nun durch bestimmte wirtschaftspolitische Maßnahmen auf dem Geld- und Kapitalmarkt das angestrebte Ziel der Zinssatzsenkung realisiert, so reagieren die Investoren auf die Zinssatzsenkung mit einer Änderung ihrer Investitionstätigkeit. Sie ändern *als Folge* der Zinssatzsenkung ihre Investitionspläne, und es stellt sich damit ein anderes Investitionsvolumen ein als es sich ohne die Änderung des Zinssatzes ergeben hätte.

Dieses einfache Beispiel macht auch gleichzeitig deutlich, daß es sich bei den Wirkungszusammenhängen zwischen den Zielen häufig um Gesetzmäßigkeiten und Mechanismen handelt, die den Ablauf des wirtschaftlichen Geschehens steuern und regulieren. Art, Richtung und Intensität der auftretenden Effekte werden dabei maßgeblich durch die jeweiligen Kausal- und Funktionalbeziehungen bestimmt, durch welche die Ziele miteinander verknüpft sind.

Die Unterscheidung von Vor- und Endzielen setzt notwendigerweise voraus, daß die Kausalbeziehung zwischen den Zielen nur in einer Richtung verläuft und nicht umkehrbar ist, wie das für unser Beispiel zutrifft. Bezeichnen wir den Zinssatz als Zielvariable Zv und das Investitionsvolumen als weitere Zielvariable Ze, so ergibt sich in einem Schema, in dem die Wirkungsrichtung des Effektes durch einen Pfeil ausgedrückt wird (Pfeilschema) das folgende Bild:

Abb. 3

Bei Beschränkung der Betrachtung auf den Effekt der Zinssatzsenkung für das Investitionsvolumen erhalten wir eine *eingliedrige* Kausalkette, in der die Zielvariablen *direkt* miteinander verknüpft sind. Von *mehrgliedrigen* Kausalketten wollen wir dann sprechen, wenn zwei oder mehrere Zielvariable *indirekt* über andere Zielvariable miteinander durch Pfeile verbunden sind. Das von uns gewählte Beispiel kann als mehrgliedrig interpretiert werden, wenn wir unterstellen, daß die Zinssatzsenkung durch Maßnahmen bewirkt wird, die etwa das Angebot auf dem Kapitalmarkt vergrößern (Verschiebung der Angebotskurve). Im Schema also:

Abb. 4

wobei Zv die Vergrößerung des Kapitalangebotes darstellt und die Zinssatzsenkung als Zwischenziel (Zz) auftritt.

Mit Hilfe des Pfeilschemas kann eine andere Unterscheidung auf der Grundlage des Wirkungsverhältnisses näher verdeutlicht werden, die in der praktischen Wirtschaftspolitik eine wichtige Rolle spielt, nämlich die in *Haupt- und Nebenziele.* Ansatzpunkt für diese Unterscheidung ist der Sachverhalt, daß von der Veränderung einer Variablen eine Mehrzahl von Effekten auf *mehrere* andere Variable ausgehen können. Wir wollen eine solche Variable als *mehrwertig* bezeichnen. Zur Demonstration können wir wieder unser Beispiel heranziehen, indem wir zusätzlich berücksichtigen, daß durch die Zinssatzsenkung der Devisenzustrom aus dem Ausland kurzfristig gebremst wird. Unser Schema wäre demgemäß wie folgt zu verändern:

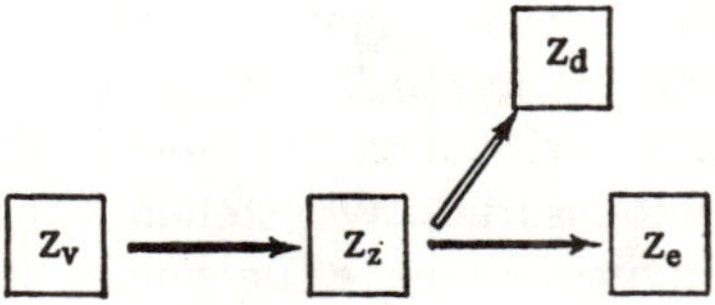

Abb. 5

Zd steht in unserem Schema nun für die als erwünscht angesehene Verringerung des Devisenzustromes, eines Nebenzieles, welche Eigenschaft durch *nicht* ausgezogene Pfeile markiert wird. Auf diese Weise bringen wir auch gleichzeitig das unterschiedliche *Gewicht* von Haupt- und Nebenzielen in der Zielkombination des jeweiligen Trägers der Wirtschaftspolitik zum Ausdruck und damit den anderen, maßgeblichen Gesichtspunkt für diese Zweiteilung.

In der Regel haben wir es in der Empirie mit solchen mehrwertigen Variablen zu tun, d. h. mit Mehrfacheffekten, die von der Veränderung einer Variablen auf andere Variable ausgehen. Entsprechend unserer Unterscheidung in Haupt- und Nebenziele können wir diese Effekte in *Haupt- und Nebenwirkungen* einer Maßnahme aufgliedern. Die Nebenwirkungen wiederum können vom Träger der Wirtschaftspolitik erwünscht oder nicht erwünscht sein. Im letzten Falle sprechen wir von negativen Nebenwirkungen, im ersten von positiven, die eben wegen dieser positiven Beurteilung in den Rang von *Nebenzielen* erhoben werden. Zur Demonstration wandeln wir unser Beispiel wie folgt ab: wir nehmen an, daß das Hauptziel Ze die Stabilität des Geldwertes darstelle und daß deshalb eine Erhöhung des Zinssatzes erforderlich wird. Zv ist demzufolge die Verringerung des Kapitelangebotes, Zz ist die angestrebte Erhöhung des Zinsniveaus. Das Nebenziel Zk sei die Zunahme des Kapitalimports, das durch die Erhöhung des inländischen Zinsniveaus erreicht werde. Ein anderes Ziel Zw sei die Förderung des Wohnungsbaues, das jedoch durch die Zinssteigerung negativ beeinflußt wird. Den negativ beurteilten Effekt der Zinssteigerung auf den Wohnungsbau bringen wir durch Strichelung des Pfeiles von Zz nach Zw zum Ausdruck. Wir stellen fest, daß unter den gesetzten Bedingungen unseres Beispieles die Realisierung des Zwischenzieles Zz die Realisierung des Zieles Zw teilweise oder ganz unmöglich macht. Das Verhältnis der beiden Ziele ist also durch eine *Antinomie* gekennzeichnet,

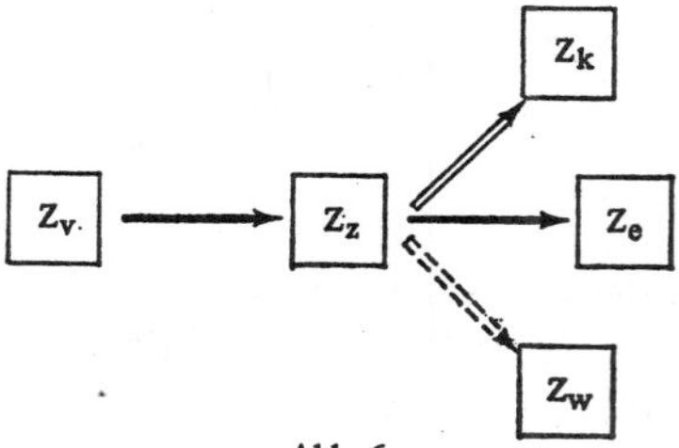

Abb. 6

wobei in diesem Falle die Antinomie auf dem negativ beurteilten Effekt beruht, der von der Zinssatzsteigerung auf den Wohnungsbau ausgeht. Dagegen liegt im Verhältnis zwischen Zz und dem Endziel Ze sowie dem Nebenziel Zk *Harmonie* vor. Da das Zwischenziel Zz auch gleichzeitig *Mittel* für die Verwirklichung von Ze und Zk ist, würden wir die Antinomie- bzw. Harmoniebeziehung auch dadurch zum Ausdruck bringen können, daß wir die *Geeignetheit* (für Ze und Zk) oder die *Ungeeignetheit* (für Zw) der Zinssatzsteigerung für die zu realisierenden Ziele feststellen. Die Frage nach der Antinomie bzw. Harmonie zwischen Vor- und Endzielen, die durch die erwähnten Kausalbeziehungen miteinander verknüpft sind, kann demzufolge durch die Zweck-Mittel-Analyse (teleologisch) beantwortet werden wie ebenso die *Neutralitäts*beziehung.

Das Problem verschiebt sich, wenn Zielvariable nicht zueinander im Verhältnis von Vor- und Endzielen bzw. Nebenzielen stehen und *trotzdem* Wirkungszusammenhänge zwischen den Zielen bestehen. Das entsprechende Pfeilschema sähe also wie folgt aus:

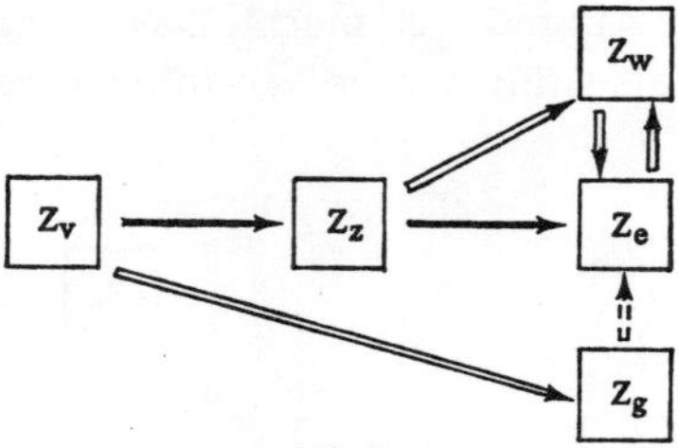

Abb. 7

Zu Demonstrationszwecken wählen wir ein Beispiel aus der Allgemeinen Volkswirtschaftspolitik. Eines der Hauptziele (Ze) sei die Verringerung der Unterbeschäftigung in einer Volkswirtschaft, die über eine Steigerung des Investitionsvolumens (Zz) angestrebt werde. Als Vorziel diene eine Zinssatzsenkung, die durch geldpolitische Maßnahmen realisiert werde. Als weitere Hauptziele treten neben der Vollbeschäftigung Zahlungsbilanzgleichgewicht (Zg) und Wachstum (Zw) in der Zielkombination auf. Wie die Pfeile zwischen den Hauptzielen Vollbeschäftigung und Wachstum zeigen, gehen von beiden wechselseitige positive Effekte aus, negative Effekte auf die Vollbeschäftigung gehen dagegen von der Zahlungsbilanz aus, weil annahmegemäß der Zahlungsbilanzüberschuß durch die Zinssatzsenkung abgebaut wird.

Selbstverständlich ist es nicht erforderlich, daß die Neben- und Hauptziele, die zueinander im Verhältnis von Harmonie und Antinomie stehen, kausal mit dem *gleichen* Zwischen- bzw. Vorziel verbunden sind. Denkbar sowie praktisch relevant ist daher auch die folgende Konstellation:

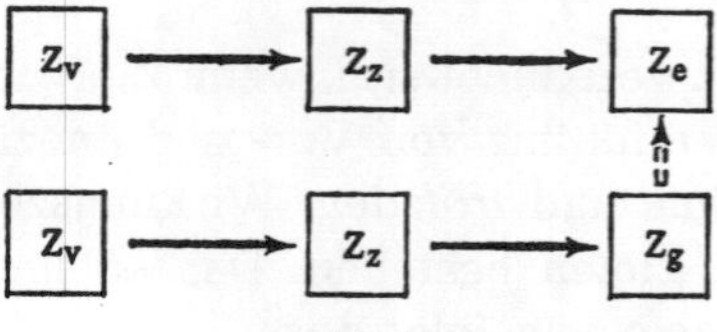

Abb. 8

Zur Erläuterung können wir auf das Beispiel zu Abb. 7 zurückgreifen, das wir wie folgt abgewandelt haben: neben der Nichtberücksichtigung des Wachstumzieles haben wir nun eigene und separate Vor- bzw. Zwischenziele sowohl für Bekämpfung der Unterbeschäftigung (Zv und Zz) wie auch für den Abbau des Zahlungsbilanzüberschusses (Zv und Zz) vorgesehen, wobei die Zielsequenz für die Vollbeschäftigung auch in sachlicher Hinsicht unverändert übernommen worden ist. Das neueingeführte Zwischenziel Zz soll inhaltlich als Verringerung des Exportvolumens, verursacht durch eine Verteuerung des Exportkredits (Zv) interpretiert werden, die ihrerseits durch eine entsprechende Kürzung der öffentlichen Bürgschaften für das Exportgeschäft bedingt ist. Ebenso wie im vorhergehenden Beispiel gehen von der Zahlungsbilanz (Zg) negative Auswirkungen auf die Vollbeschäftigung (Ze) aus.

Solche antinomischen Beziehungen zwischen den Zielobjekten sind angesichts der Vielzahl von Zielen, die gleichzeitig angestrebt werden, in der praktischen Wirtschaftspolitik keine Seltenheit. Liegt Antinomie vor, so steht der Träger der Wirtschaftspolitik vor der Entscheidung, auf die Realisierung einer oder mehrerer Zielsetzungen zu verzichten, sofern er die volle Realisierung der übrigen antinomischen Zielsetzungen wünscht; ein möglicher Ausweg aus dem Dilemma ist der Kompromiß, bei dem quantitativ oder qualitativ auch darüber zu befinden ist, bis zu welchem Ausmaß bestimmte Zielsetzungen zu Lasten anderer Zielsetzungen verwirklicht werden sollen.

Bei der Erörterung der Antinomie bzw. Harmonie sowie auch der Neutralität zwischen Zielen auf der Basis des Wirkungszusammenhanges darf schließlich der Sachverhalt nicht übersehen werden, daß die jeweilige Situation und die damit gegebene Bedingungskonstellation eine wichtige Rolle spielen kann. So ist es beispielsweise durchaus möglich, daß die Veränderung einer Zielvariablen im Konjunkturaufschwung negative Auswirkungen auf eine andere Zielvariable hat, während im Konjunkturabschwung die gleichen Zielvariablen sich zueinander harmonisch verhalten; die gleiche Feststellung gilt analog für die Neutralitätsbeziehung.

Dieser letze Hinweis macht auch gleichzeitig deutlich, daß die möglichst vollständige Erfassung sämtlicher Wirkungen und Nebenwirkungen für die Effizienz der praktischen Wirtschaftspolitik von nicht zu unterschätzender Bedeutung ist. Unsere Ausführungen lassen aber auch erkennen, daß diese Untersuchungen über die Wirkungszusammenhänge sowie die Verhältnisse zwischen den Zielen höchst kompliziert sein können und in der Regel auch sind. Die Vielzahl der Ziele, die Vielzahl der damit gegebenen Kausalketten, ihre Vielgliedrigkeit, die Vielzahl der Effekte sowie ihre Gegenläufigkeit (Funktionalverhältnisse), die Mehrwertigkeit der Mittel und weitere Umstände mögen in diesem Zusammenhang als Hinweise dienen, eine solche These zu erhärten (vgl. hierzu Abb. 2 auf Seite 69. Angesichts dieser Sachlage versteht es sich von selbst, daß die Wirkungs- und Zielanalyse nur mit einer entsprechend entwickelten Theorie zufriedenstellend betrieben werden kann und daß die wissenschaftliche Wirtschaftspolitik sowie die Wirtschaftswissenschaft überhaupt hier ein dankbares Wirkungsfeld finden. Daß die wissenschaftliche Wirtschaftspolitik diese Aufgabe erkannt und in Angriff genommen hat, zeigt die Entwicklung geeigneter wissenschaftlicher Instrumente sowie Methoden, die in neuerer Zeit erarbeitet worden sind. Allerdings wäre es fatal sowohl für die praktische wie auch wissenschaftliche Wirtschaftspolitik von der Zuversicht oder Unterstellung auszugehen, daß es über die Ziel- und Mittelanalyse je gelingen könnte, in einem wirtschaftspolitischen Entscheidungsmodell *alle* relevanten Variablen, Daten, Parameter usw. in ihrem Zusammenspiel über die Zeit hinweg bei einer Vielzahl von Zielen und Instrumenten zu erfassen und zu berücksichtigen. Auch in bezug auf die Ziel- und Mittelanalyse wird deshalb die *Horizontverkürzung* und *-verengung* (hier des Modells) nie zu umgehen sein und mehr oder weniger große *Unsicherheit* der Entscheidungssituation der praktischen Wirtschaftspolitik das zentrale Grundphänomen bleiben.

Betrachten wir als das „Basisziel" der Wirtschaftspolitik die Maximierung des gesellschaftlichen Wohlstandes, so können alle Zielsetzungen der Wirtschaftspolitik als Vor- und Zwischenziele und damit als Mittel für die Verwirklichung dieses Basiszieles aufgefaßt werden. In einem gewissen Sinne könnten alle Ziele als Voraussetzungen für die Verwirklichung des Basiszieles gelten. An einem einfachen Beispiel verdeutlicht: gleichmäßiges und möglichst großes Wachstum des Sozialproduktes würde ein Fundamentalziel für das übergeordnete Ziel der Wohlstandssteigerung abgeben. Und auch dieses Fundamentalziel erfordert die Verwirklichung weiterer Zwischenziele, wie beispielsweise möglichst gleichmäßig wachsende Investitionstätigkeit, freiwillige Ersparnis in Höhe dieser Investitionstätigkeit, Stabilität des Geldwesens u. a. m.

Dieser Regreß vom Basisziel auf die Fundamental- und Zwischenziele könnte weiter verlängert werden, und wir würden dann feststellen, daß, je weiter wir die Kette zurückverfolgen, umso *spezieller* und *partieller* die Zielsetzungen in der Regel werden, die als Vorziele auftreten. Die gegenseitige Abstimmung sowie die Auswahl aller Zielsetzungen auf ein einziges, komplexes Basisziel hin, läßt gleichzeitig einige dieser Ziele als *Teilziele* des Basiszieles erscheinen und macht sie zu Elementen eines *Zielsystems,* das sich u. a. von der bloßen Pluralität von Zielsetzungen dadurch unterscheidet, daß auch die Wirkungszusammenhänge hinreichend berücksichtigt sind.

Eine selbstverständliche Forderung, die für ein solches Zielsystem aufgestellt werden muß, ist außerdem, daß es den Regeln der *Logik* entsprechen muß. Die Ziele des Systems müssen nach ihrem logischen Beziehungsverhältnis ausgewählt und geordnet werden. Die wichtigsten solcher Beziehungen für die Wirtschaftspolitik sind die *Widersprüchlichkeit* sowie die *Identität* zwischen Zielen. Im ersteren Falle liegt *logische* Unvereinbarkeit zwischen den Zielen vor; man kann logischerweise nicht gleichzeitig einen bestimmten Sachverhalt und seine Negation realisieren wollen. An einem einfachen Beispiel demonstriert: man kann bei gegebenem Einkommen nicht gleichzeitig die Zielsetzung der Steigerung der Konsumausgaben neben der Zielsetzung der Steigerung der Ersparnis verfolgen, wenn das Sparen — wie üblich — als Nicht-Konsum verstanden wird.

Liegt die Widersprüchlichkeit in diesem Falle für jedermann sichtbar offen, so ist sie in anderen Fällen nicht so einfach zu durchschauen; insbesondere dort nicht, wo es sich um Ziele handelt, die Teile einer größeren Gesamtheit darstellen. Die Widersprüchlichkeit resultiert in diesen Fällen häufig aus der Nichtbeachtung des Satzes, daß das Ganze gleich der Summe seiner Teile ist; in mathematischer Formulierung handelt es sich um den Verstoß gegen Identitätsgleichungen. Ein einfaches Beispiel ist die Identität zwischen Investition und Sparen (ex-post) $I = S$, die sich ihrerseits aus den beiden Definitionsgleichungen $Y = C + I$ und $Y = C + S$ ergibt, wobei Y für das Einkommen und C für den Konsum stehen. Obwohl diese Identität selbstverständlich erscheint, ist ihre Bedeutung sowohl in der theoretischen Betrachtung wie in der wirtschaftspolitischen Diskussion oft mißverstanden worden und hat zu wirtschaftspolitischen Fehlplanungen Anlaß gegeben.

Als *Identität* im logischen Sinne zwischen zwei oder mehreren Zielen wollen wir den Sachverhalt bezeichnen, daß es sich materiell um die gleichen Zielsetzungen handelt und nur die *Zielformulierungen* voneinander abweichen. Zu Demonstrationszwecken können wir auf die Stabilität des Geldwertes und Stabilität der Kaufkraft des Geldes als ein sehr einfaches Beispiel für identische Zielsetzungen zurückgreifen.

Die Trivialität der mit Absicht gewählten, sehr einfachen Beispiele für Identität bzw. Negation von Zielen könnte zu dem Schluß verleiten, daß Ungereimtheiten dieser Art sich eben wegen ihrer Trivialität bei der programmatischen Festlegung von Zielkatalogen in der praktischen Wirtschaftspolitik nicht einschleichen könnten. Tatsächlich zeigen jedoch die Zielfunktionen der Empirie Unverträglichkeiten, Widersprüche und Unzulänglichkeiten dieser und anderer Art, denen wir am Schluß dieses Abschnitts noch weiter nachgehen werden.

Die Aufstellung eines Zielsystems verlangt weiterhin die Berücksichtigung des *Zeitaspektes*, d. h. die Einordnung der Ziele in eine zeitliche Ordnung. Aus der Berücksichtigung des Sachverhaltes, daß die *Wirkungen* wirtschaftspolitischer Maßnahmen unterschiedliche Zeit erfordern, folgt beispielsweise die erwähnte Einteilung in *Nah-* und *Fernziele. Gleichzeitigkeit* der Zielsetzungen kann im Verhältnis von Vor- und Endzielen dort vorliegen, wo das Vorziel als Teilziel eines übergeordneten, umfassenden Zieles auftritt, wie dies etwa für das Verhältnis von Wachstum des Sozialproduktes und Wohlstandssteigerung gilt; aus dem zeitlichen Nebeneinander wird ein Nacheinander für den Fall, daß durch die Realisierung des Vorzieles nur eine *Voraussetzung* für die Verwirklichung des zugehörigen Endzieles geschaffen wird. Als aktuelles Beispiel für die letzte Beziehung kann etwa die Steigerung der Wohnungsproduktion in der Bundesrepublik für die Aufhebung oder Milderung des Preisstops für Mieten dienen.

Wir können uns damit den *rangmäßigen* Beziehungen der Ziele untereinander zuwenden, d. h. ihrer Einordnung in den Zielkatalog der praktischen Wirtschaftspolitik unter Berücksichtigung ihrer *Wertigkeit* oder Wichtigkeit in Verbindung mit den *Präferenzskalen* der Träger der Wirtschaftspolitik. In pluralistischen Gesellschaften mit dezentralisierten wirtschaftspolitischen Systemen weichen die Präferenzskalen der an der Formulierung des Zielkatalogs direkt oder indirekt Beteiligten voneinander ab, so daß der *Kompromiß* zu einem konstitutiven Element auch bei der programmatischen Festlegung des Zielkatalogs wird. Dieser Kompromiß führt zu den gerade erwähnten Unzuträglichkeiten, die verständlicherweise erst recht auftreten, wenn es nicht zum Kompromiß kommt. So bestätigt die Erfahrung immer wieder, daß durch den Kompromiß bspw. die *partiellen* Negationen nicht mit Sicherheit ausgeschlossen werden können, wenn wir unter partieller Negation die Widersprüchlichkeit zwischen einfachen Zielen und Teilzielen eines komplexen Zieles bzw. den Teilzielen mehrerer komplexer Ziele verstehen (im Regelfall ist partielle Negation gleichbedeutend mit *partieller* Identität). Beispiele für beide Varianten sind: im Verhältnis der beiden komplexen Ziele Soziale Sicherheit und Ökonomische Freiheit liegt partielle Negation der Einkommenverwendungsfreiheit durch obligatorische Sozialversicherung vor; der technische Fortschritt als Zwischenziel für das Wachstum steht im Widerspruch zur Sicherheit des Arbeitsplatzes und Berufs; die wachstumsorientierte Strukturpolitik wird partiell von einer Politik der Erhaltung der Anzahl und Struktur der Betriebe eines Wirtschaftssektors negiert usw. (vgl. hierzu auch Abb. 2 auf Seite 69, die in ihren *horizontal* zugeordneten Tabellen auch mögliche Negationen berücksichtigt).

Der maßgebliche Grund für Widersprüche dieser Art liegt in der Divergenz der Präferenzskalen, die durch den

Kompromiß nicht immer und vollständig überwunden werden kann, so daß Verstöße gegen die *Transitivität*, die *Konsistenz* und die relative Abstufung der Ziele bei Aufstellung des Zielkatalogs Verstöße gegen die Widerspruchsfreiheit sind, wenn auch in leicht abgewandeltem Sinne gegenüber vorher, wie leicht gezeigt werden kann: wird in einer Zielkombination das Ziel A höher bewertet als das Ziel B, dann muß in einer anderen Zielkombination bei anderen wirtschaftspolitischen Vorhaben die Höherbewertung von B gegenüber A zur gleichen Zeit zu Widersprüchen führen (Verstoß gegen Konsistenz). Wird das Ziel A in einer Zielkombination höher als das Ziel B und dieses wiederum höher als C bewertet, dann ist die Höherbewertung von C gegenüber A in der gleichen oder anderen Zielkombinationen zur gleichen Zeit ebenfalls ein Widerspruch (Verstoß gegen Transitivität); wird die *relative* Bedeutung zweier Ziele A (Wachstum) und B (Geldwertstabilität) im Verhältnis *zueinander* in zwei Zielkombinationen aus A und B dadurch quantitativ festgelegt, daß Gleichwertigkeit beider Zielkombinationen trotz unterschiedlichem Realisierungsgrad jeder der beiden Zielvariablen A und B konstatiert wird (5 % Wachstum bei einprozentiger Geldentwertung = 4 % Wachstum bei 0,5 % Geldentwertung, also Wachstumsverlust von 1,0 Indexpunkte gleichwertig mit dem Geldwertstabilitätsgewinn um 0,5 Indexpunkte im angenommenen Intervall), dann verlangt die Widerspruchslosigkeit die Berücksichtigung eben dieser Relation, unabhängig davon, welche der beiden Zielvariablen als die jeweils *dominierende* angesehen wird und egal, ob die Entscheidung zugunsten einer Dämpfung oder Beschleunigung des Wachstums bzw. Dämpfung oder Beschleunigung der Inflationierungsrate im angenommenen Intervall fällt.

Die Unverträglichkeiten der geschilderten Art in den Zielfunktionen der praktischen Wirtschaftspolitik, die wegen dieser und anderer Mängel nicht den Anspruch auf ein *Zielsystem* erheben können, basieren auf der Voraussetzung *gegebener* Präferenzskalen. Diese Präferenzskalen ändern sich jedoch im Zeitablauf. Widersprüche und Unzuträglichkeiten, die sich im zeitlichen Ablauf der Wirtschaftspolitik als einem zeitlichen Kontinuum ergeben, müssen deshalb nicht notwendigerweise Verstöße gegen die behandelten logischen Beziehungen zwischen den Zielen sein, sondern können eben auch aus geänderten Präferenzskalen resultieren, sofern bei der kritischen Beurteilung nicht die Wirtschaftspolitik eines bestimmten Zeitpunktes, sondern eines mehr oder weniger längeren Zeitabschnittes zur Debatte steht.

Schließlich sollte ebenso wie bei der Behandlung der Harmonie-, Antinomie- und Neutralitätsbeziehungen auch im gegenwärtigen Zusammenhang die außerordentliche Vielfalt und Vielschichtigkeit der Ziele in den vielen Bereichen der Sektoral- und Globalpolitik berücksichtigt werden, auf denen sich die praktische Wirtschaftspolitik ja *gleichzeitig* betätigen muß. Zu einem Teil jedenfalls sind die geschilderten Unzulänglichkeiten in den Zielkatalogen auf die Schwierigkeit bzw. Unmöglichkeit zurückzuführen, der Vielschichtigkeit und Komplexität des Problems in der Praxis Herr zu werden.

6. Die Mittel

6.1 Die Problematik der Mittelwahl

Aus den vorstehenden Überlegungen zur Zielproblematik ist unschwer zu entnehmen, daß die Fixierung des Zielsystems bzw. Zielbündes materiell auf eine Entscheidung über die erwünschte *zukünftige* Entwicklung „ökonomischer" Sachverhalte hinausläuft. Unsere Ausführungen haben außerdem deutlich gemacht, daß die von den Trägern der Wirtschaftspolitik zu fällenden Entscheidungen über die Ziele das Kernproblem der wirtschaftspolitischen Aktität ausmachen. Sie stellen damit die mit Abstand wichtigste Aufgabe des Trägers der Wirtschaftspolitik in jener Phase wirtschaftspolitischen Handelns dar, die wir als die Entscheidungsphase bezeichnet haben.

In diese Phase der Wirtschaftspolitik fällt nun auch die Entscheidung über diejenigen wirtschaftspolitischen *Maßnahmen,* durch deren Einsatz das festgelegte Zielbündel verwirklicht werden kann, sofern solche Maßnahmen überhaupt notwendig werden. Analog unserem Vorgehen bei der Unterscheidung von Zielobjekten und Zielen bezeichnen wir die beabsichtigte bzw. tatsächliche konkrete Änderung eines Mittelsachverhaltes, d. h. die Handhabung eines Instruments als *Maßnahme.* Entsprechend der logischen Struktur wirtschaftspolitischen Handelns geht nämlich der Auswahl der wirtschaftspolitischen Maßnahmen die logisch primäre Entscheidung voraus, ob überhaupt wirtschaftspolitische Maßnahmen zu ergreifen sind oder nicht. Diese letztgenannte Entscheidung ergibt sich aus dem Vergleich zwischen der prognostizierten zeitlichen Entwicklung bestimmter ökonomischer Sachverhalte (Zielsachverhalte) einerseits, so wie sie sich unter dem Einfluß bereits erfolgter wirtschaftspolitischer Eingriffe ergeben würde und der erfolgten zielmäßigen Fixierung der gleichen Sachverhalte andererseits. Nur für den Fall der *Abweichung* des prognostizierten Wertes der Zielsachverhalte von ihrem durch den Träger der Wirtschaftspolitik festgelegten Wert ergibt sich verständlicherweise die Notwendigkeit zu wirtschaftspolitischen Eingriffen.

Nehmen wir zur Erläuterung ein einfaches Beispiel zu Hilfe: die Zielvariable sei die *Beschäftigung* in einer Volkswirtschaft, die der Träger der Wirtschaftspolitik wertmäßig auf 97 % des Arbeitspotentials für das Ende des laufenden Kalenderjahres fixiert habe. Die wertmäßige Prognose der Beschäftigung für den gleichen Zeitpunkt ergebe unter Berücksichtigung aller bereits ergriffenen wirtschaftspolitischen Maßnahmen den gleichen Prozentsatz. Da der Vergleich zwischen beiden Werten keine Abweichungen ergibt, sind weitere wirtschaftspolitische Maßnahmen nicht erforderlich.

In aller Regel ergibt der Vergleich in der wirtschaftspolitischen Praxis aber *Abweichungen* zwischen dem prognostizierten und dem durch den Träger der Wirtschaftspolitik festgelegten Wert der Zielsachverhalte, womit ihre Übereinstimmung in wenigen Ausnahmefällen nicht bestritten werden soll. Insbesondere in den Fällen, in denen der Vergleich auf einen einzigen Zielsachverhalt — wie in unserem Beispiel — begrenzt wird, ist Übereinstimmung theoretisch und praktisch möglich. Für die praktische Wirtschaftspolitik sind jedoch solche einfachen Fälle ziemlich uninteressant, weil hier ständig der Vergleich zwischen einer *Vielzahl* von Zielsachverhalten durchgeführt werden muß, von denen außerdem noch die meisten im Verhältnis der Interdependenz zueinander stehen. Dieser wichtige Umstand bedingt, daß jede Korrektur bei der Festlegung des Wertes auch nur *eines* Zielsachverhaltes durch den Träger der Wirtschaftspolitik zu entsprechenden Korrekturen bei einer Vielzahl anderer Zielsachverhalte führen muß mit der Folge, daß die erwähnten Abweichungen von den prognostizierten Werten zur Regel werden.

Das schwierige Geschäft der Auswahl geeigneter wirtschaftspolitischer Maßnahmen bleibt also der wirtschaftspolitischen Praxis selten erspart. Im Prinzip stellen sich diese Maßnahmen als die bewußt vorgenommene oder herbeigeführte Änderung von anderen Sachverhalten dar, von denen man aus der praktischen Erfahrung sowie analytischem Räsonnement weiß, daß sie in einem Ursache-Wirkung-Verhältnis und damit auch in dem geschilderten Zweck-Mittel-Verhältnis zu den interessierenden Zielsachverhalten stehen. Diese Sachverhalte sind uns bereits als die *Mit-*

tel oder *Instrumente* der Wirtschaftspolitik begegnet. Ihr Katalog ist außerordentlich zahlreich, und entsprechend vielfältig sind ihre Kombinationsmöglichkeiten, so daß wir uns schon um eine Systematik bemühen müssen, wollen wir sie mit nur einigem Anspruch auf Vollständigkeit behandeln.

Bei dieser Systematik wollen wir weitgehend von den Äußerlichkeiten ihres Einsatzes absehen, soweit sie für die Gewinnung theoretisch oder praktisch wichtiger Ergebnisse unerheblich sind. Zu solchen Äußerlichkeiten zählen wir im allgemeinen die administrativen, juristischen, politischen, institutionellen u. a. Gegebenheiten sowie Besonderheiten, unter denen ihr Einsatz erfolgt. Da unser Hauptinteresse den *Wirkungen* der wirtschaftspolitischen Maßnahmen und den damit zusammenhängenden Problemen wie Effizienz, Vorausberechenbarkeit, Erfolgsbedingungen usw. gilt, können wir auf diese Einzelheiten verzichten.

Damit soll natürlich nicht zum Ausdruck gebracht werden, daß diese Besonderheiten, die den Mitteleinsatz begleiten, überhaupt bedeutungslos seien. Für die Staats- und Gesellschaftspolitik können sie sogar von überragender Bedeutung sein, wie uns das Beispiel der *gesetzlichen Fundierung* wirtschaftspolitischer Maßnahmen zeigt. Da wirtschaftspolitische Eingriffe fast immer — wie wir gesehen haben — zu Einkommensumverteilungen innerhalb der Wirtschaftsgesellschaft führen, ist unter rechtsstaatlichen Aspekten nicht nur die Frage von erheblichem Interesse, ob die jeweiligen Träger der Wirtschaftspolitik die Maßnahmen mit oder ohne gesetzliche Ermächtigung durchführen, d. h. durch Gesetz überhaupt dazu legitimiert sind; auch die Fragen des Ermessensspielraumes sowie der Technik (Erlaß, Durchführungsverordnung durch die zuständige Behörde oder Gesetz) spielen in diesem Zusammenhang eine nicht minder wichtige Rolle.

Der Wirtschaftspolitiker wird diese formalen Aspekte des Mitteleinsatzes ständig im Auge behalten müssen für den Fall, daß der angestrebte Erfolg seiner Maßnahmen einmal von ihnen mehr oder weniger stark abhängt; der maßgebliche Gesichtspunkt für ihn ist ja bei der Mittelauswahl die *praktische* Geeignetheit der Mittel für die Realisierung seiner wirtschaftpolitischen Zielsetzungen.

Allerdings ist dies nicht das einzige Kriterium, das er seiner Entscheidung zugrundelegt. Wir haben ja bereits bei der Darstellung der Wirkungen wirtschaftspolitischer Maßnahmen auf die *Nebenwirkungen* aufmerksam gemacht, die berücksichtigt werden wollen. Hier ist nun noch zusätzlich auf die *materiellen* und *immateriellen* Kosten hinzuweisen, die der Mitteleinsatz verursacht. Diese immateriellen Kosten, die sich in einer Minderung des ökonomischen Wohlstandes von Mitgliedern der Wirtschaftsgesellschaft äußern, können im Einzelfalle beachtlich sein, wie das Beispiel der Einschränkung der Dispositionsfreiheit und des Dispositionsbereiches von Produzenten, Investoren, Verbrauchern u. a. m. in einer Wirtschaftsgesellschaft verdeutlichen mag, in der die Freiheit der ökonomischen Wahlhandlungen einen hohen Rang in der Präferenzskala der Individuen aufweist.

Und schließlich muß auch bereits an dieser Stelle auf das Kriterium der *Systemkonformität* der Maßnahmen hingewiesen werden, auf das wir weiter unten noch ausführlich eingehen werden. Die Berücksichtigung dieses Kriteriums bei der Mittelauswahl neben den erwähnten (Zielkonformität und Kosten) stellt sicher, daß durch den Mitteleinsatz das jeweilige Wirtschaftssystem nach Richtung und Ausmaß nur in dem Umfang geändert wird, wie es dem Träger der Wirtschaftspolitik zulässig bzw. wünschenswert erscheint.

6.2 Mikro-ökonomische Ansatzpunkte

Wir umschrieben weiter oben die wirtschaftspolitischen Maßnahmen als die durch den Träger der Wirtschaftpolitik vorgenommene Änderung von ökonomischen Sachverhalten (Mittelsachverhalte) zwecks Beeinflussung anderer Sachverhalte (Zielsachverhalte), die untereinander in einen Beziehungs- und Wirkungszusammenhang stehen.

Die durch die Änderung des Mittelsachverhaltes bewirkte Änderung des Zielsachverhaltes erfolgt nun keineswegs „automatisch"; sie ist vielmehr das Ergebnis erwarteter bzw. antizipierter *Anpassungsreaktionen* von Wirtschaftssubjekten auf die Änderung des Mittelsachverhaltes. Wir verweisen in diesem Zusammenhang auf unsere Ausführungen über die *Wirkungen* wirtschaftspolitischer Maßnahmen, in denen wir bereits auf diesen Umstand eingegangen waren. Über diesen Wirkungsmechanismus wollen wir uns an dieser Stelle nun weitere Einsichten beschaffen.

Dabei greifen wir zweckmäßigerweise auf unsere Definition zurück, nach der die Wirtschaftspolitik sich primär als eine außerhalb des Wirtschaftens vollziehende Aktivität darstellt, durch die das Wirtschaften von Mitgliedern der Wirtschaftsgesellschaft zwecks Verwirklichung ökonomischer Zielsetzungen beeinflußt werden soll. Was bei unseren gegenwärtigen Erörterungen über die Mittel der Wirtschaftspolitik an dieser Definition besonders interessiert, ist die Beeinflussung des Wirtschaftens, das wir als die Aufstellung und den Vollzug von Wirtschaftsplänen charakterisiert hatten. Gliedern wir die so charakterisierte Wirtschaftsaktivität in ihre einzelnen Komponenten auf, so erhalten wir damit die *mikroökonomischen Ansatzpunkte* der wirtschaftspolitischen Maßnahmen und gleichzeitig eine mögliche Gliederungssystematik für die wirtschaftspolitischen Maßnahmen selbst. Sehen wir uns deshalb diese Komponenten etwas näher an, indem wir *Pütz* in seinem Systematisierungsvorschlag mit einigen Abänderungen folgen!

Da sind als erste die *Plandaten* zu erwähnen, d. h. diejenigen ökonomischen Sachverhalte, die das Wirtschaftssubjekt aus seiner individuellen Sicht als bedeutsam für den Erfolg seines Wirtschaftens erachtet und als *gegeben* in seinen Wirtschaftsplan einsetzt. Daher die Bezeichnung „Datum" für diesen Sachverhalt. Beispiele für solche Sachverhalte, die als Daten in die Wirtschaftspläne eingehen können, sind: die Beschaffungspreise für Produktionsmittel und Konsumgüter in Erwerbs- und Verbrauchswirtschaftsplänen bzw. die Absatzpreise für Fertigprodukte in Absatzplänen bei Mengenanpassung, Umfang und Zusammensetzung des Konsumgüterangebots in Verbrauchswirtschaftsplänen, Fertigungkapazitäten bei Produktionsplänen, Zinssätze bei der Investitionsplanung, juristische und institutionelle Modalitäten bei der Absatz- und Beschaffungsplanung, Input-Output-Relationen bei der Produktionsplanung u. a. m. Ändern sich diese Daten, so reagiert das Wirtschaftssubjekt mit Änderungen seines Wirtschaftsplanes, weil sich die Bedingungen für den Erfolg seines Wirtschaftens geändert haben. Die Wirtschaftspolitik kann sich dieser Anpassungsreaktionen für die Verwirklichung bestimmter Zielsetzungen bedienen, indem sie die Daten in der *Richtung* und in dem *Ausmaß* verändert, wie dies im Hinblick auf die Zielsetzung und unter Berücksichtigung der erwarteten Anpassungsreaktionen zweckmäßig erscheint. Wenige Beispiele können diesen Zusammenhang verdeutlichen: Die Zentralnotenbank erhöht den Diskontsatz, um die nachgefragte Kreditmenge einzuschränken; sie erhöht die Mindestreservesätze bei den Kreditbanken, um die Ausweitung des Kreditvolumens via Buchgeldschöpfung zu verringern. Der Wechselkurs wird gesenkt, um die auf Auslandsmärkten angebotene Menge an Gütern und Dienstleistungen zu vergrößern; die Teilzahlungsgesetzgebung wird verschärft, um das nachgefragte Volumen an Konsumentenkredit zu verringern; die Steuergesetzgebung wird geändert, um die Abschreibungen zu begünstigen und damit die Investitionsgüternachfrage zu beleben; die Wettbewerbsgesetzgebung wird verschärft, um die Anbieter durch erhöhten Wettbewerbsdruck zu veranlassen, Rationalisierungsvorteile in Form von niedrigeren Preisen an die Abnehmer weiterzugeben.

Wir haben uns in unserer Aufzählung aus Raumgründen auf wenige Beispiele aus dem nahezu unübersehbaren Katalog solcher wirtschaftspolitischer Datenveränderungen beschränken müssen. Um mögliche Mißverständnisse zu vermeiden, sei abschließend hinzugefügt, daß nicht alle Plandaten der bewußten Änderung durch die Wirtschaftspolitik offenstehen und andere nur in Ausnahmefällen. Selbstverständliche Voraussetzung ist immer, daß die Wirtschaftsgesetzgebung und die wirtschaftspolitische „Generallinie" bzw. das wirtschaftspolitische Konzept den Einsatz dieser Kategorie von Maßnahmen gestatten.

Nach den Plandaten sind die *Planelemente* zu erwähnen. Diese Planelemente sind diejenigen Bestandteile des Wirtschaftsplanes, die der qualitativen und quantitativen Veränderung und Gestaltung durch das Wirtschaftssubjekt zugänglich sind. Auch hierfür wieder einige Beispiele: Beschaffungs- und Absatzpreise bei entsprechenden Marktformen, Absatz- und Beschaffungsmengen, Qualitäten von Input und Output, Ort und Zeitpunkt des Absatzes, Lieferungs- und Absatzkanäle, Substitution der Produktionsfaktoren bei Produktionsplänen und der Konsumgüter bei Verbrauchsplänen; Kapazitätsnutzung und Kapazitätserweiterung; Transportwege und Transportmittel; Art und Umfang des Produktionsprogrammes u. a. m.

Die Entscheidung des Wirtschaftssubjektes zugunsten einer bestimmten Gestaltung der Planelemente bezeichnen wir als seine Wahlhandlungen. Wie unsere Aufzählung deutlich macht, ist die Trennung von Plandaten und Planelementen nicht immer exakt durchzuführen. Trotzdem macht sie sichtbar, daß der wirtschaftspolitische Eingriff in diesem Falle auf einer anderen *Planebene* erfolgt; wurden bei der vorhergehenden Kategorie von Maßnahmen die Plandaten verändern, um die beabsichtigte Änderung der Planelemente im Wege der Anpassungsreaktion von seiten der Wirtschaftssubjekte zu erzielen, so sind es hier die Planelemente, die dem *direkten* wirtschaftspolitischen Eingriff unterliegen. Wirtschaftspolitische Eingriffe dieser Art sind: Fest-, Richt-, Höchst- und Mindestpreise, Lieferungs- und Abnahmequoten, Rationierung, Beimischungszwang, Verwendungszwang, Qualitätsvorschriften, steuerliche Präferenzen für den Bezug und Absatz von und nach bestimmten Standorten, Liefersperren und staatliche Lagerhaltungsmaßnahmen, Vorschriften über die Benutzung bestimmter Lieferungs- und Absatzwege, Investitionsgebote und -verbote sowie Maßnahmen der Investitionsförderung, Tarifpolitik, Maßnahmen der Sortimentsbeschränkung und -abgrenzung in Zusammenhang mit gewerbepolitischen Maßnahmen u. a. m.

Ebenso wie die Plandaten und Planelemente stehen auch die *Planziele* der Wirtschaftssubjekte der Beeinflussung durch wirtschaftspolitische Maßnahmen offen. Unter Planzielen verstehen wir dabei die (individuellen) Zielsetzungen der Wirtschaftssubjekte, auf die hin ihr Wirtschaften ausgerichtet ist, und die sie möglichst vollständig zu verwirklichen suchen. Als Beispiele für solche Planziele können wir aus der mikro-ökonomischen Gleichgewichtstheorie die Nutzenmaximierung in Verbrauchswirtschaftsplänen oder die Einkommensmaximierung in Erwerbswirtschaftsplänen anführen.

Wie wir aus der Erfahrung wissen, verfolgen die Wirtschaftssubjekte in der Praxis nicht eine einzige Zielsetzung, wie dies aus Gründen der Vereinfachung in der mikro-ökonomischen Modellbetrachtung unterstellt wird, und auch nicht immer die eben zitierten. Vielmehr geht es in der Empirie immer um die Realisierung eines Bündels von *Primär-* und *Sekundärzielen,* welche letztere häufig den Charakter von *Nebenbedingungen* annehmen, unter denen das oder die Primärziele zu realisieren ist bzw. sind. Als Beispiel für ein häufiges weiteres Primärziel neben der Einkommensmaximierung können wir für Erwerbswirtschaftspläne die Sicherung eines bestimmten Ausmaßes an Freizeit anführen. Von den vielen möglichen Sekundärzielen seien nur einige wenige herausgegriffen: das Ziel der *zeitlichen* Einkommenssicherung (soziale Sicherheit), soziales Prestige beim Einkommenserwerb und bei der Einkommensverwendung, Erhaltung der Gesundheit und Arbeitsfähigkeit, Arbeitsfreude und Arbeitsfrieden u. a. m.

Es ist offensichtlich, daß angesichts dieser Vielzahl individueller Planziele der staatlichen Wirtschaftspolitik eine stattliche Anzahl von Maßnahmen zu ihrer Beeinflussung offensteht, die wir als Maßnahmen der *Motivbeeinflussung* bezeichnen wollen. Mit diesen Maßnahmen bewegt sich der Staat auf einem Gebiet, auf dem er sich zwar schon lange betätigt, das aber erst in neuerer Zeit einer systematischen Erforschung und Bearbeitung durch die Wirtschaftswissenschaft in Zusammenarbeit mit der Soziologie und Psychologie unterzogen wurde. Für diese neue Disziplin hat sich im deutschen Sprachbereich die Bezeichnung *Verhaltensforschung* eingebürgert. Da diese Planziele offensichtlich in engstem Zusammenhang mit der (individuellen) Präferenzstruktur der Wirtschaftssubjekte stehen, laufen diese Maßnahmen im Kern auf eine Änderung der Präferenzstruktur der Wirtschaftssubjekte hinaus. Beispiele für Maßnahmen der Motivbeeinflussung sind: Aufklärung und Empfehlungen zur Wichtigkeit des Urlaubs für die Erhaltung der Arbeitsfähigkeit, aufklärende Werbung für die private Vermögensbildung, Empfehlungen gegen den Konsum gesundheitsschädigender Genußmittel, Empfehlungen für den Verbrauch bestimmter Konsumgüter usw.

Von den Planzielen ist schließlich das *Planverhalten* zu unterscheiden, das den letzten mikro-ökonomischen Ansatzpunkt wirtschaftspolitischer Beeinflussung darstellt, den wir hier erwähnen wollen. Zu diesem Planverhalten wollen wir nicht nur die *Verhaltensweisen* i. S. der Marktformentheorie zählen (Mengenanpassung, Mengenfixierung, Preisfixierung usw.), sondern auch den Grad der Rationalität des Wirtschaftens, die Konsum-, Spar- und Investitionsneigung, die Liquiditätspräferenz, das „Inflationsbewußtsein", die „Geldillusion" (Denken und Planen in Geldgrößen ohne Berücksichtigung der Realgrößen), Erwartungen über die zukünftige ökonomische Entwicklung sowie andere Phänomene des Planverhaltens, die wir aus Raumgründen unerwähnt lassen. Wie die Aufzählung deutlich macht, gründen diese Phänomene des Planverhaltens mehr oder weniger stark auf psychologischen Gegebenheiten der wirtschaftenden Individuen und weisen insofern eine gewisse Verwandtschaft zu den Planzielen auf. Abweichend von diesen liegt jedoch die Hauptbedeutung des Planverhaltens darin, daß es *Art und Weise* der Realisierung der Planziele bestimmt.

Dieses Planverhalten ist, wie die Erfahrung zeigt, durch entsprechende wirtschaftspolitische Maßnahmen zu beeinflussen, wenn auch nur innerhalb bestimmter — von Fall zu Fall variierender — Grenzen. Angesichts des Umstandes, daß dieses Planverhalten mit seinen Wurzeln auch in den Bezirk des Psychischen und Unterbewußten hineinreicht, geht es bei diesen Maßnahmen in erster Linie um versichernde und beruhigende Erklärungen, optimistische bzw. pessimistische Ankündigungen, stimulierende oder abschwächende Appelle, Aufklärung, Zusicherungen, Befürchtungen u. a. m. Im saloppen Journalisten-Jargon wird diese *Verhaltensbeeinflussung* deshalb auch treffend als „Psycho-Politik" oder wirtschaftspolitische „Seelen-Massage" bezeichnet. Die Motivierung dieser Maßnahmen ist die gleiche wie die der vorerwähnten: die Wirtschaftssubjekte zu solchen Entscheidungen und damit Ergebnissen ihres individuellen Wirtschaftens zu veranlassen, wie dies im Hinblick auf die erfolgte Fixierung der Zielsachverhalte bzw. Zielvariablen zweckmäßig erscheint.

6.3 Qualitative und quantitative Instrumente

Die nächste Unterscheidung bezüglich der Instrumente der Wirtschaftspolitik, die wir behandeln wollen, ist die in *qualitative* und *quantitative* Instrumente der Wirtschaftspolitik. Das Unterscheidungskriterium ist hier nicht der mikro-ökonomische Ansatzpunkt, sondern die *Quantifizierbarkeit* der durch die wirtschaftspolitischen Maßnahme vorgenommenen Änderung (bzw. Beibehaltung) des Instrument-Sachverhaltes. Ist die Maßnahme in diesem Sinne quantitativ meßbar, so sprechen wir von *quantitativen* Mitteln der Wirtschaftspolitik; ist das nicht der Fall, entsprechend von *qualitativen* Mitteln. Analog wollen wir diejenige wirtschaftspolitische Aktivität, die sich quantitativer Maßnahmen im beschriebenen Sinne bedient, als *quantitative Wirtschaftspolitik* im Gegensatz zu *qualitativen Wirtschaftspolitik* bezeichnen, bei der die Maßnahmen qualitativer Natur sind.

Wir stellen hier mit Absicht auf die Quantifizierbarkeit des *Mitteleinsatzes* und nicht — wie dies theoretisch ebenfalls denkbar wäre — auf die Quantifizierbarkeit der durch den Mitteleinsatz bewirkten Änderung des Zielsachverhaltes ab. Der Grund für dieses Vorgehen ist methodologischer Natur: sind nämlich die Änderungen der wirtschaftspolitischen Instrumentsachverhalte quantifizierbar, so kann das jeweils interessierende wirtschaftspolitische Problem einer systematischen Lösung in der Form eines *Dezisions-*

modells zugeführt werden, sofern auch die angestrebte Änderung der Zielsachverhalte (kardinal) quantifizierbar ist. Wie wir bereits wissen, kann ein solches Dezisionsmodell in Form eines Gleichungssystems dargestellt werden, dessen Elemente über entsprechende Definitions-, Bestimmungs- und Verhaltensgleichungen miteinander verknüpft werden. Bei Quantifizierbarkeit des Mitteleinsatzes können also die jeweiligen Instrumente als Variable im mathematischen Sinne (Parameter) in solche Dezisionsmodelle eingehen.

Für die praktische Wirtschaftspolitik ist dieser methodologische Aspekt von nicht zu unterschätzender Bedeutung; gestattet doch die Verwendung von Dezisionsmodellen, die Rationalität und Effizienz der Wirtschaftspolitik dadurch zu verbessern, daß die wirtschaftspolitischen Entscheidungen auf eine etwas sicherere Grundlage gestellt werden können. Das Beispiel der Niederlande sowie Norwegens, wo bereits praktische Erfahrungen mit Dezisionsmodellen vorliegen, kann als Stütze für diese These gelten.

Im Falle der *qualitativen* Wirtschaftspolitik ist eine solche systematische Lösung der jeweils zur Entscheidung anstehenden wirtschaftspolitischen Probleme nicht oder doch nur selten möglich. Das Auffinden der jeweils besten Lösung kann hier nur über einen *Lernprozeß* durch die Methode von „Versuch und Irrtum" oder andere Methoden bewerkstelligt werden (vgl. hierzu Kap. 8). Bei dieser Methode wird *eine* Alternative aus der in der Regel offenstehenden Vielzahl von wirtschaftspolitischen Alternativen — oder eine begrenzte Kombination aus ihnen — praktisch versucht und das sich einstellende Ergebnis entscheidet über Richtigkeit oder Unrichtigkeit der getroffenen Wahl unter den Alternativen. Stellt sich der gewünschte Erfolg nicht ein, so werden die getroffenen Maßnahmen durch andere ersetzt, ergänzt oder verstärkt bzw. abgeschwächt, und diese Korrektur muß im Prinzip solange wiederholt werden, bis die gewünschte Änderung des jeweiligen Zielsachverhaltes erreicht ist.

Zur Verdeutlichung wählen wir ein einfaches Beispiel aus der Raumwirtschaftspolitik: dem Träger der Wirtschaftspolitik stehen für die Beseitigung der *regionalen* Arbeitslosigkeit eine Reihe von Instrumenten wie beispielsweise Neuansiedlung von Unternehmungen in den betroffenen Gebieten, Erhöhung der Mobilität der Arbeiter, regional gezielte Vergabe öffentlicher Aufträge, bessere verkehrsmäßige Erschließung des Gebietes u. a. zur Verfügung. Er entscheide sich, so wollen wir unterstellen, für die letzterwähnte Maßnahme. Stellt er fest, daß diese Maßnahme keine oder zu geringe Wirkungen zeitigt, so wird er die Ansiedlung von Unternehmen unter Beibehaltung oder Aufgabe der bereits ergriffenen Maßnahme fördern. Diese Korektur durch Ergänzung oder Ersetzung wird solange fortgeführt, bis der Träger der Wirtschaftspolitik sich schrittweise bei kontinuierlicher Ausschaltung der wenig oder nicht geeigneten Alternativen an die richtige Lösung herangetastet hat. Es versteht sich von selbst, daß die Träger der Wirtschaftspolitik angesichts der Vielzahl von Alternativen vor einer ziemlich hoffnungslosen Aufgabe stünden, verfügten sie nicht über wirtschaftspolitische Erfahrungen aus der Vergangenheit sowie Einsichten über Gesetzmäßigkeiten und Wirkungszusammenhänge, die die Anzahl der erfolgversprechenden Alternativen auf eine handliche Ziffer reduzieren. Nur so wird ja erklärlich, daß auch die qualitative Wirtschaftspolitik, die ein wichtiges Betätigungsfeld der praktischen Wirtschaftspolitik darstellt, doch erfolgreich und mit beachtlicher Rationalität betrieben werden kann und faktisch auch betrieben wird.

Die vorgenommene Unterscheidung zwischen Quantifizierbarkeit der durch den Mitteleinsatz vollzogenen Änderung des Mittelsachverhaltes und Quantifizierbarkeit der dadurch bewirkten Änderung des Zielsachverhaltes wäre mit Rücksicht auf die Gegenüberstellung von quantitativer und qualitativer Wirtschaftspolitik nicht erforderlich, wenn quantitativer Mitteleinsatz immer oder doch in der Regel mit der Verwirklichung quantitativer Zielsetzungen parallel ginge. Leider besteht jedoch keine solche Korrespondenz zwischen quantitativen Instrumenten und quantitativen Zielsetzungen der Wirtschaftspolitik. Quantitative Zielsetzungen können auch mit qualitativen Mitteln verwirklicht werden, wie auch umgekehrt qualitative Zielsetzungen mit quantitativen Mitteln erreicht werden können. Das wird deutlich an der nun folgenden beispielhaften Aufzählung von quantitativen Mitteln: Veränderung des Diskontsatzes, Mindestreservesatzes, Wechselkurses, des im Nicht-Banken-Sektor befindlichen Zentralbankgeldvolumens, der Zoll- und Steuersätze, der Gehälter und Löhne der öffentlichen Bediensteten, des Ausgabenvolumens der öffentlichen Haushalte, der Verkehrstarife, der Subventionen, Einführung zusätzlicher Steuern, Änderung von staatlich gebundenen Preisen, gütermäßige Ausdehnung der Rationierung und Kontingentierung, Änderung der Beimischungs- und Verwendungsquoten, Ablieferungs- und Andienungsquoten usw.

Von den angeführten Instrumenten zeitigen einige neben quantitativen auch qualitative Effekte, die je nach Lage der Dinge den Rang von Haupt- oder Nebenzielen einnehmen können. So etwa die Veränderung der Diskontsätze, durch welche die Wettbewerbsverhältnisse an den Inlandsmärkten (Investitionsvolumen) beeinflußt werden können; oder die Subventionen, mit deren Hilfe ebenfalls die Wettbewerbsverhältnisse neben der Zusammensetzung des Güterangebots beeinflußt werden können; durch die Tarifpolitik im Verkehrswesen werden nicht nur die Wettbewerbsverhältnisse, sondern auch die Standortverteilung beeinflußt usw.

Ähnliches gilt umgekehrt für die qualitativen Instrumente, für die wir ebenfalls einige Beispiele zitieren wollen: Verstaatlichung oder Privatisierung von Wirtschaftszweigen, Verschärfung der Rediskontierungs- und Lombardierungsbedingungen durch die Zentralnotenbank, Einführung bzw. Aufhebung der Rationierung und Kontingentierung, Änderung der Bedingungen für den Transfer im internationalen Zahlungsverkehr, Verstärkung des Wettbewerbs durch Gründung staatlicher Konkurrenzunternehmungen, Änderung der Bedingungen im öffentlichen Vergabewesen mit raumwirtschaftlichen Zielsetzungen, Änderung von Zulassungsbeschränkungen, Änderung der Wettbewerbsgesetzgebung, Liefersperren im Außenhandel, Importverbote u. a. m.

Die Verwendungsmöglichkeiten der qualitativen Instrumente für die Erzielung quantitativer Effekte ist noch sehr viel ausgeprägter als die der quantitativen Instrumente hinsichtlich ihrer qualitativen Effekte, da sich ihr Einsatz *generell* in Änderungen von Mengen und/oder Preisen niederschlägt (auch *neben* den beabsichtigten oder unbeabsichtigten qualitativen Wirkungen). Je nach Situation können diese quantitativen Effekte in den Rang von Haupt- oder Nebenzielen erhoben werden. Es ist deshalb auch nicht erforderlich, von den angeführten qualitativen Instrumenten, durch welche *Grundlagen, Struktur* und *Organisation* der Wirtschaft verändert werden, einige herauszugreifen, um an ihnen die quantitativen Effekte zu demonstrieren.

Die Nutzanwendung, die wir also auch aus diesen Überlegungen für die Klassifizierung in quantitative und qualitative Instrumente der Wirtschaftspolitik ziehen können, ist die, daß zweckmäßigerweise bei ihrer Zuordnung nicht auf das Vorliegen qualitativer oder quantitativer Effekte oder Zielsetzungen abgestellt wird, sondern ausschließlich auf den *quantitativen oder qualitativen Charakter der Maßnahmen.*

6.4 Autonome und nicht-autonome Instrumente

Für die praktische Wirtschaftspolitik ist die nun zu besprechende Einteilung in autonome und nicht-autonome Instrumente von noch größerer Bedeutung als die in qualitative und quantitative Mittel. In die Literatur ist die zu behandelnde Gegenüberstellung zwar mit einer etwas anderen Terminologie als der von uns gewählten — nämlich kontrollierbare und nicht-kontrollierbare Instrumente — eingeführt worden *(B. Hansen)*; inhaltlich handelt es sich jedoch im wesentlichen um die gleiche Unterscheidung, und wir haben nur die geänderte Formulierung gewählt, weil sie den interessierenden Sachverhalt u. E. klarer und unmißverständlicher artikuliert.

Der der Gegenüberstellung zugrunde liegende Sachverhalt ist nämlich der folgende: kein Träger von Wirtschaftspolitik verfügt über sämtliche Instrumente der Wirtschaftspolitik, weil die faktische Zuständigkeit für bestimmte Maßnahmen bei anderen Trägern der Wirtschaftspolitik liegt oder weil sie zwischen einer Mehrzahl von Trägern der Wirtschaftspolitik geteilt ist. Das hat zur Folge, daß er bestimmte ökonomische Sachverhalte, denen im Hinblick auf wirtschaftspolitische Zielsetzungen instrumentaler Charakter zukommt, überhaupt nicht *selbständig* verändern kann oder nur bei entsprechender Kooperation von seiten anderer Träger der Wirtschaftspolitik. Diese Instrumentsachverhalte bzw. Instrumentvariablen bezeichnen wir abgekürzt als *nicht-autonome* Instrumente (nicht zu verwechseln mit nicht-autonomen Instrumenten in Dezisions-Modellen, in denen Nicht-Autonomie *Interdependenz* zwischen Instrumenten bedeutet).

Zur Verdeutlichung unserer Gedankenführung wählen wir ein einfaches Beispiel: die Handelsbilanz eines Landes weise ein Ungleichgewicht in der Form permanenter Überschüsse auf. Die wirtschaftspolitische Zielsetzung sei also neben anderen die Beseitigung dieses Ungleichgewichtes. Von den verschiedenen Instrumenten, die zur Erreichung dieser Zielsetzung eingesetzt werden können, ist die Wechselkursänderung in vielen Ländern ein nicht-autonomes Instrument, da Regierung und Zentralnotenbank nur *gemeinsam* den Wechselkurs ändern können.

Immerhin verfügen in diesem Falle *staatliche* bzw. *halbstaatliche* Träger der Wirtschaftspolitik bei aufgeteilter Kompetenz immer noch über ein wichtiges wirtschaftspolitisches Instrument in dem Sinne, daß sie *gemeinsam* die erforderliche Änderung der Instrumentvariablen durch wirtschaftspolitischen Akt vornehmen können. Noch ungünstiger liegen für den oder die staatlichen Träger der Wirtschaftspolitik die Verhältnisse im Hinblick auf eine andere Instrumentvariable, zu deren Einsatz es der Mitwirkung *privater* Träger der Wirtschaftspolitik bedarf.

Unser letzter Hinweis macht deutlich, daß der Einsatz solcher und ähnlicher Instrumente der Wirtschaftspolitik die staatlichen Träger der Wirtschaftspolitik vor noch kompliziertere Probleme stellt, als dies bei *Kooperation* mit anderen öffentlichen Trägern der Wirtschaftspolitik in der Regel der Fall ist, die ja auch nicht immer ein leichtes Geschäft ist. Unter dem Gesichtspunkt der *vereinfachten* Handhabung der Wirtschaftspolitik wird man den autonomen Maßnahmen den Vorzug geben, danach auf die nichtautonomen Mittel zurückgreifen, deren Einsatz Kooperation mit anderen *öffentlichen* Trägern der Wirtschaftspolitik erfordert und erst dann bei den übrigen nicht-autonomen Instrumenten seine Zuflucht suchen, wenn die beiden erstgenannten Möglichkeiten versperrt sind.

Zwingend wird der Einsatz der letzterwähnten Instrumente nur in seltenen Fällen sein, da ja für den Regelfall gilt, daß bestimmte Zielsetzungen oder Kombinationen von

Zielsetzungen mit einer *Mehrzahl* von Maßnahmen verwirklicht werden können. Das besagt aber nichts anderes, als daß die Instrumente in der Regel gegeneinander ausgetauscht werden können oder der Ausfall eines Instrumentes durch den intensiveren Einsatz der noch verbleibenden Instrumente kompensiert werden kann.

Welche Instrumente als autonom und nicht-autonom in dem vorbesprochenen Sinne zu gelten haben, hängt im wesentlichen von der ökonomisch-rechtlichen Organisation der Wirtschaft ab. Wie wir wissen, ist diese zeitlichen Wandlungen unterworfen und zeigt im internationalen Vergleich erhebliche Abweichungen. Daher ist auch das qualitative und quantitative Verhältnis von autonomen zu nicht-autonomen Instrumenten in einer bestimmten Volkswirtschaft mehr oder weniger starken Veränderungen im Zeitablauf unterworfen und variiert im Vergleich von Volkswirtschaft zu Volkswirtschaft.

6.5 Eignung und Wirkungsgrad der Instrumente

Ob der Träger der Wirtschaftspolitik sich für den Einsatz autonomer oder nicht-autonomer, qualitativer oder quantitativer Instrumente entscheidet, ob er als mikroökonomischen Ansatzpunkt die Plandaten oder Planelemente usw. wählt, sein Interesse wird stets darauf gerichtet sein, die nach seiner Ansicht „optimale" Lösung unter einer Vielzahl von Alternativen bei gegebener Zielsetzung zu finden. Bei dieser Entscheidung zugunsten der optimalen Lösung hat er, wie wir bereits andeuteten, eine Vielzahl von Gesichtspunkten als Entscheidungskriterien zu berücksichtigen, von denen eines die *Geeignetheit* der sich anbietenden Instrumente ist. Gerade aber zu dieser Frage hat die wissenschaftliche Wirtschaftspolitik in den letzten Dezennien wichtige Beiträge geliefert, auf die wir nun des näheren eingehen wollen.

Dabei wollen wir uns dem Vorgehen in der deutschsprachigen Literatur anschließen, die Geeignetheit eines Instrumentes (oder einer Kombination von Instrumenten) unter dem zweifachen Aspekt der *Zielkonformität* und *Systemkonformität* abzuhandeln. Allerdings haben wir der letztgenannten Problematik wegen ihrer grundsätzlichen Bedeutung sowie Aktualität einen besonderen Abschnitt gewidmet, so daß wir uns hier auf die Frage der *Zielkonformität* beschränken können.

Unter Zielkonformität wollen wir dabei die instrumentale Eignung von Instrumenten für die Zielverwirklichung verstehen, so wie sie sich aus der *theoretischen* Analyse der Wirkungen, d. h. der (teleologischen) Zweck-Mittel-Betrachtung ergibt. Der letzte Hinweis macht deutlich, daß es bei dieser Untersuchung primär um die Beantwortung der *grundsätzlichen* Frage geht, ob ein Instrument den Zielsachverhalt überhaupt ändern kann oder nicht, und erst in zweiter Linie um die Frage nach dem *Grad* seiner Eignung. Wenn man will, kann die sich aus einer solchen theoretischen Untersuchung ergebende Zielkonformität eines Mittels als eine *potentielle* Eignung bezeichnet werden.

Einige wenige Beispiele mögen zur Verdeutlichung dienen: geldpolitischen Maßnahmen wie Diskontsatzveränderung, Offen-Markt-Politik u. a. m. geht die Zielkonformität für raumpolitische Zielsetzungen ab; dagegen kommt Maßnahmen der Tarif- und Verkehrspolitik generelle Eignung für raumwirtschaftliche Zielsetzungen zu. Mit Hilfe der Anti-Konzentrationspolitik können zwar wettbewerbspolitische Zielsetzungen verwirklicht werden, aber für die Zielsetzung der Währungsstabilität gibt sie wenig her.

Von dieser potentiellen Eignung ist die *faktische* Eignung der Instrumente für die Erreichung bestimmter Zielsetzungen zu unterscheiden, d. h. die Eignung der Instrumente unter Berücksichtigung der jeweiligen, in der Realität gegebenen Bedingungskonstellation. Es ist diese *faktische* Eignung, die den praktischen Wirtschaftspolitiker in erster Linie — oder doch nahezu ausschließlich — interessiert. Er muß wirtschaftspolitisch *handeln* und dies ist ihm nur dann möglich, wenn er *faktisch* geeignete Maßnahmen für seine Zielsetzungen einsetzen kann. Trotzdem kann er nicht an der Frage nach der grundsätzlichen Eignung der Instrumente vorübergehen; ihre Beantwortung muß ja den ersten Schritt in seinem Bemühen um das Auffinden faktisch geeigneter Maßnahmen bilden, weil das Vorliegen der potentiell-grundsätzlichen Eignung *Voraussetzung* für die faktische Eignung eines Instrumentes ist.

Die Frage nach der faktischen Eignung eines Instrumentes läuft also nach dem Gesagten auf die Frage nach dem Vorliegen der Bedingungen in der Realität hinaus, von denen der gewünschte Einsatz oder die angestrebte Wirkung solcher Instrumente abhängt bzw. beeinflußt wird, die potentielle Zielkonformität aufweisen. Diese Bedingungen, die über die *faktische* Zielkonformität entscheiden, sind sehr zahlreich und vielgestaltig, so daß wir auf ihre — auch nur annähernd — vollständige Behandlung verzichten müssen. Wir können uns deshalb nur mit denjenigen befassen, die in der Praxis häufig Berücksichtigung verlangen. Zum Zwecke einer systematischen Darstellung gliedern wir dabei in Bedingungen der Zeit, der Quantität, der Verursachung, der Variationsfähigkeit der Instrumente und sonstige Aspekte.

Wenden wir uns zuerst dem *Zeitaspekt* des Mitteleinsatzes zu! Nicht selten ist es in der Wirtschaftspolitik und hier insbesondere in der Konjunkturpolitik so, daß die jeweiligen Zielsetzungen in dem Sinne datiert sind, daß nach Ablauf einer bestimmten Frist die Zielsetzung *irrelevant* wird. Sie ist durch die wirtschaftliche Entwicklung überholt und muß nach Fristablauf durch eine andere ersetzt werden. Die Instrumente der Wirtschaftspolitik brauchen aber, wie wir wiederholt gehört haben, nicht nur zur *Entfaltung* ihrer Wirksamkeit, sondern auch zu ihrem *Einsatz* Zeit. Insbesondere wenn sie in Gesetzesform gekleidet werden müssen, ist die Vorbereitung und Verabschiedung der Maßnahmen wegen der parlamentarischen Prozedur notwendigerweise langwierig. Nicht selten tritt daher der Fall ein, daß potentielle Maßnahmen überhaupt nicht ergriffen werden können, weil die Maßnahme vor Ablauf der Datierungsfrist des zugehörigen Zielsachverhaltes technisch überhaupt nicht zum Einsatz gelangen kann.

Ähnlich liegt die Situation, wenn zwar der *Einsatz* der Instrumente innerhalb der Datierungsfrist für den Zielsachverhalt möglich ist und im Grenzfall sogar unverzüglich erfolgen kann, die ersten *Wirkungen* der Maßnahme sich aber erst *nach Ablauf* der Datierungsfrist einstellen. In diesem Zusammenhang ist ebenso an unsere Einteilung in kurz-, mittel- und langfristige Wirkungen zu erinnern, wie auf die *Verzögerungphasen* hinzuweisen, auf die wir in Kap. 8 noch näher eingehen werden.

In diesen oder ähnlichen Fällen geht den Instrumenten aus zeitlichen Aspekten die faktische Zielkonformität ab. In anderen Fällen sind es *quantitative* Aspekte des Mitteleinsatzes oder seiner Wirkungen, die der faktischen Zielkonformität der Instrumente entgegenstehen. So etwa, wenn die quantitative Veränderlichkeit des Instrumentes in positiver oder negativer Richtung *begrenzt* und der Maximalwert bereits erreicht ist. Ein klassisches Beispiel hierfür ist der Zinssatz, der nicht unter einen bestimmten Mindestwert gesenkt werden kann. Ist dieser Wert im Verlauf eines Depressions-Bekämpfungs-Programms einmal erreicht, so ist das Mittel erschöpft und scheidet aus dem Kreis der Instrumente mit faktischer Zielfonformität aus.

Die prinzipiell gleiche Situation liegt vor, wenn zwar der Extremwert noch nicht erreicht ist, die verbleibende

Spanne aber zu *gering* ist, um überhaupt Wirkungen in der gewünschten Richtung zu zeitigen. Nicht selten macht sich nämlich in der wirtschaftspolitischen Praxis ein Umstand in Zusammenhang mit dem Mitteleinsatz bemerkbar, der in der analytischen Modellbetrachtung der Wirkungsanalyse im allgemeinen zu wenig berücksichtigt wird: die *Absorptionsfähigkeit* des Wirtschaftssystems, wie wir diesen Sachverhalt bezeichnen wollen. Diese Absorptionsfähigkeit äußert sich darin, daß Maßnahmen beim Einsatz mancher Instrumente *unter* einer kritischen und von Fall zu Fall differierenden Größenordnung im Wirkungsmechanismus untergehen; sie werden „verschluckt" mit der Folge, daß Maßnahmen *unterhalb* der kritischen Größenordnung überhaupt keine Beeinflussung der durch sie anvisierten Ziele zeitigen und deshalb überhaupt keine Wirkung zeigen. Der Grund für diese Absorptionsfähigkeit liegt häufig in dem *Verhalten* der Wirtschaftssubjekte, deren Reaktionen auf die Maßnahmen ja die Wirkungen verkörpern. Wie die Verhaltensforschung nachgewiesen hat, bedarf es einer bestimmten Reizintensität, um die Wirtschaftssubjekte zu einer von ihnen immer als unbequem empfundenen Änderung ihres Wirtschaftsplanes, d. h. zu Reaktionen zu veranlassen. Werden wegen zu schwacher Maßnahmen die „Reizschwellen" nicht überschritten, dann kommt es zur Absorption der Maßnahmen. Im gegenwärtigen Zusammenhang ist es also die Begrenzung der noch offenen Spanne hinsichtlich der Einsatzmöglichkeit des Instrumentes zusammen mit der Absorptionfähigkeit des Wirtschaftssystems, die der faktischen Zielkonformität der interessierenden Instrumente entgegenstehen. Aus der Sicht der praktischen Wirtschaftspolitik kann die Maßnahme nicht stark genug *dosiert* werden.

Auch bei denjenigen Instrumenten, deren Änderung über die kritischen Größenordnungen *hinaus* möglich ist, existiert ein *Dosierungsproblem*, wenn auch in einem anderen

Sinne. Die Maßnahmen müssen nämlich so bemessen werden, daß der Mitteleinsatz größtmögliche *Effizienz* verbürgt, d. h. innerhalb des wirtschaftspolitischen Planungszeitraumes von den Maßnahmen größenmäßig genau diejenigen Wirkungen auf den Zielsachverhalt ausgehen, d. h. dieser genau in dem durch wirtschaftspolitische Entscheidung festgelegten Umfang verändert wird. Das Mittel ist dementsprechend *überdosiert,* wenn das festgelegte Ziel größenmäßig überschritten und *unterdosiert,* wenn es unterschritten wird. Im Falle der quantitativen Wirtschaftspolitik könnte es sinnvoll erscheinen, das Ausmaß dieser Art der Unter- bzw. Überdosierung eines Instrumentes (oder einer Kombination) in Form eines *Effizienzquotienten* zu berechnen, wie dies von *Tinbergen* vorgeschlagen wurde. Wird die Zielvariable durch eine bestimmte Änderung des Mittelsachverhaltes bzw. der Mittelsachverhalte innerhalb der wirtschaftspolitischen Planungsperiode gerade in dem Ausmaß verändert, wie durch den Träger der Wirtschaftspolitik zielmäßig festgelegt worden ist, so beläuft sich der Effizienzquotient auf den Wert 1. Alle Werte unter 1 zeigen in der Regel Untererfüllung des Zielsachverhaltes und damit Unterdosierung des Mitteleinsatzes, alle Werte über 1 entsprechend Überfüllung und somit Überdosierung an. Die vorgenommene Beschränkung auf den Regelfall ist deshalb erforderlich, weil zuweilen durch überstarke Dosierung ein *konträrer Ankündigungseffekt* wirksam wird, der in Extremfällen sogar zur entgegengesetzten Änderung der Zielvariablen führt wie etwa im Falle einer zu starken Diskontsenkung mit dem Ziel der Vergrößerung der privaten Investitionsnachfrage, die wegen ihrer Überdosierung die Skepsis der Investoren in die zukünftige konjunkturelle Entwicklung nur noch verstärkt und sie deshalb zu gleicher oder noch größerer Zurückhaltung bei Investitionsvorhaben veranlaßt. In der angelsächsichen Literatur wird deshalb eine solche Maßnahme auch als „self-defeating" charakterisiert. Um auch terminologisch deutlich zu machen, daß es sich um *voraus*berechnete Effizienzquotienten handelt, wäre der Zusatz „prognostiziert" vielleicht angebracht. Es versteht sich von selbst, daß unterschiedliche Dosierungen der Mittelsachverhalte und ihrer Kombinationen in der Regel auch unterschiedliche Werte für die Effizienzziffer ergeben müßten. Und schließlich sollte aus dem Gesagten ersichtlich geworden sein, daß die Absorptionsfähigkeit auch bei diesem Dosierungsproblem ihre Rolle spielt und ihren Einfluß evtl. auch auf die Größe der Effizienzziffer ausübt.

Wir können damit die quantitativen Aspekte des Mitteleinsatzes, von denen wir aus Raumgründen nur die *Begrenzung* in der quantitativen Veränderlichkeit der Mittelsachverhalte ausführlicher behandeln konnten, verlassen und uns den *Wirkungen* unter ähnlichen quantitativen Aspekten zuwenden. Um mögliche Mißverständnisse, die sich aus den angestellten Überlegungen ergeben könnten, gleich zu beseitigen, sei hervorgehoben, daß die *unbegrenzte* Einsatzmöglichkeit eines potentiell geeigneten Instrumentes — bei Beschränkung der Betrachtung auf diesen ausschließlich quantitativen Aspekt — *keine* Garantie für das Vorliegen faktischer Zielkonformität ist. Letztere muß trotzdem verneint werden, wenn trotz beliebig großer Einsatzmöglichkeit des Instrumentes die Wirkung auf den anvisierten Zielsachverhalt im Vergleich zu seiner quantitativ-zielmäßigen Fixierung unbeachtlich bleiben muß. In der Alltagssprache wird ein solches Instrument als zu „schwach" bezeichnet. Wir können uns in diesem Zusammenhang mit Vorteil einer in der Literatur gebräuchlichen Einteilung der Mittel — nämlich der in *generelle* und *spezielle* Maßnahmen — bedienen, um diese Kennzeichnung eines Mittels näher zu verdeutlichen. *Generelle* Maßnahmen betreffen nach dieser Einteilung solche Instrumente, deren Einsatz alle oder doch den größten Teil der Wirtschaftssubjekte tangiert, während durch *spezielle* Maßnahmen das Wirtschaften nur einzelner Wirtschaftssubjekte oder doch nur einer verhältnismäßig kleinen Gruppe beeinflußt wird, wie beispielsweise eines Wirtschaftszweiges, einer Wirtschaftsstufe, eines regional begrenzten Wirtschaftsgebietes usw. oder Ausschnitte daraus. Die Aufzählung macht deutlich, daß die jeweilige Gruppenbildung nach den unterschiedlichsten Kriterien und Gesichtspunkten erfolgen kann. Klassische Beispiele für generelle Maßnahmen sind die Veränderung des Diskontsatzes, Änderung der gesetzlichen Arbeitszeiten usw.; für spezielle Maßnahmen lokal begrenzte Steuerpräferenzen oder „gezielte" Subventionen. Im ersten Fall ist der „Ansatzbereich" des Mittels sehr breit, im letzen Fall dagegen sehr schmal. Bezieht sich nun die Zielsetzung auf eine gesamtwirtschaftliche Aggregatgröße (Strömungsgrößen, Bestandsgrößen usw.), die sich aus einer *Vielzahl von Teilgrößen* zusammensetzt, dann kann nicht selten durch wirtschaftspolitische Maßnahmen zwar *eine* Teilgröße beliebig innerhalb des faktisch erreichbaren Intervalls verändert werden, nicht jedoch die Aggregatvariable in nennenswertem Umfang. Selbst wenn also Dosierungsbegrenzungen nicht vorliegen und der wirtschaftspolitische Eingriff sich in zeitlicher Hinsicht voll auswirken kann, scheidet das Instrument als faktisch irrelevant aus, weil es zu geringe Wirkungen hinsichtlich der Veränderung des aggregativen Zielobjektes zeitigt. Als Beispiel möge die Senkung des Lebenshaltungskostenindex (aggregatives Gesamtziel) angeführt werden, die über die lokal begrenzte Senkung der Nahverkehrsmitteltarife (Teilziel) nur in unbeachtlichem Ausmaß verwirklicht werden kann. Die im Prinzip gleiche Situation liegt vor, wenn zwar ein *Zwischenziel* in erheblichem Ausmaß durch die Veränderung des Mittelsachverhaltes geändert werden kann, diese Beeinflussung aber mit der eigentlichen Absicht der Änderung eines *Endzieles* erfolgte, für welches Endziel aber der praktizierbare Einsatz des Zwischenzieles zu schwach ist. Als praktisches Beispiel möge die strengere Handhabung der Preisauszeichnungspflicht (Instrument) zitiert werden, um über sie die Markttransparenz (Zwischenziel) zu verbessern und dadurch das allgemeine Preisniveau (Endziel) zu senken. Tendenziell wirkt sich zwar die Maßnahme in dieser Richtung aus, ist jedoch zu schwach, um *spürbare* Effekte auf das Preisniveau auszuüben.

Wir können unsere Betrachtungen über die faktische Zielkonformität mit einer weiteren Variante der Begrenzungen im Einsatz der Instrumente fortsetzen, die nicht quantitativer Natur ist, sondern darin besteht, daß die *Änderungsrichtung* auf eine einzige reduziert ist; können in der Regel die Instrumente in positiver *und* negativer Richtung verändert werden, so beschränkt sich in diesen Ausnahmefällen ihr faktischer Einsatz auf Veränderungen in positiver *oder* negativer Richtung. Es handelt sich also bei diesen wenigen Ausnahmefällen um die „Einbahnstraßen" des wirtschaftspolitischen Mitteleinsatzes. Bedauerlicherweise befinden sich unter den wenigen Instrumenten, die dieser Kategorie zuzurechnen sind, nicht nur „Nebenstraßen", sondern auch „Straßen erster Ordnung", um im Bilde zu bleiben. Was mit den Einbahnstraßen gemeint ist, wird aus wenigen Beispielen unmittelbar deutlich: die Verkürzung der gesetzlichen Arbeitszeit, die Erhöhung der Nominallöhne bei Erwerbstätigen im öffentlichen Dienst, bestimmte Arten von Subventionen u. a. m. Zugegebenermaßen ist die nur einseitige Verwendungsfähigkeit dieser Instrumente nicht ein für alle Ewigkeit feststehendes Datum. In wirtschaftspolitischen Umbruchzeiten sowie Katastrophen- und Krisensituationen ist es wohl möglich, die Instrumente auch einmal in der entgegengesetzten Richtung zu benutzen; abgesehen von diesen wirtschaftspolitischen Zäsuren sind sie jedoch in aller Regel nur für den Einsatz in einer Richtung offen. Sie scheiden dann aus dem Kreis der Instrumente mit faktischer Zielkonformität aus, falls ein Einsatz dieser Instrumente in der gesperrten Richtung erforderlich wird.

Über die treibenden Kräfte, die zu der in diesem Sachverhalt liegenden Lahmlegung des wirtschaftspolitischen Instrumentariums führen, können wir uns hier nicht näher verbreiten. Es sei nur auf die nachteiligen Folgen einer solchen Entwicklung für die *Elastizität* der Wirtschaftspolitik hingewiesen sowie auf die Einengung ihres *Korrekturspielraumes,* der insbesondere für die Operationsfähigkeit der *qualitativen* Wirtschaftspolitik — die sich ja u. a. der Methode des Versuchs und Irrtums zwecks allmählichen und schrittweisen Herantastens an die optimale Lösung bedienen muß — von erheblicher Bedeutung ist.

Wenden wir uns damit dem *Verursachungsaspekt* zu, der nicht selten viele und in Ausnahmefällen nahezu alle Instrumente mit potentieller Zielkonformität faktisch irrelevant werden läßt. Wir meinen hier mit Verursachungsaspekt den Sachverhalt, daß wirtschaftspolitische Schwierigkeiten, deren Beseitigung angestrebt wird, ihre spezifischen Ursachen haben. Während nun häufig keine *Korrespondenz* zwischen den Ursachen und den Instrumenten besteht, durch deren Einsatz die Schwierigkeit behoben werden kann, ist es in einigen Fällen so, daß eine solche Korrespondenz vorliegt. Diese Korrespondenz zwischen Verursachung und Instrumenten kann extrem streng sein — nur ein einziges Instrument kann Abhilfe schaffen — aber auch weniger streng. Im letzten Fall können mehrere Mittel zur Behebung der Schwierigkeiten eingesetzt werden. Für die faktische Zielkonformität der Instrumente hat diese ursächliche Mittel-Ziel-Korrespondenz die Bedeutung eines Kriteriums, mit dessen Hilfe aus dem Kreis der Instrumente mit potentieller Zielkonformität diejenigen ausgewählt werden können, die faktisch geeignet sind.

Zur Illustration greifen wir einige Beispiele heraus: die Steigerung der Ausgaben der öffentlichen Hand für Güter und Dienstleistungen zwecks Konjunkturbelebung wirkt sich immer expansiv auf den Kreislauf aus, gleichgültig ob der Konjunkturrückgang auf eine Schrumpfung der Exportüberschüsse, der heimischen Netto-Investition, Vergrößerung der Liquiditätsneigung, Verringerung der Konsumneigung u. a. m. zurückzuführen ist. Korrespondenz im beschriebenen Sinne liegt nicht vor.

Für die Bekämpfung der Unterbeschäftigung steht eine Vielzahl von beschäftigungspolitischen Instrumenten zur Verfügung, vorausgesetzt, daß sie nicht *strukturell* verursacht ist, es sich also nicht um die sog. strukturelle Arbeitslosigkeit handelt. In diesem Falle versagen die üblichen beschäftigungspolitischen Instrumente, und Abhilfe kann nur über die Verbesserung der Mobilität der Arbeit und/oder die Einrichtung von neuen Arbeitsplätzen in den Gebieten mit Arbeitslosigkeit geschaffen werden. In diesem Fall ist also hochgradige Korrespondenz gegeben.

Ähnlich liegt die Situation im Falle der *strukturellen* Unterbeschäftigung eines Wirtschaftszweiges, die nur ein anderer Ausdruck für das Vorliegen einer erheblichen Überkapazität in diesem Wirtschaftszweig ist. Ein aktuelles Beispiel ist die westdeutsche Mühlenindustrie. Hier versagen die üblichen beschäftigungspolitischen Maßnahmen, und das einzig wirksame Instrument zur Überwindung der Krise ist die wirtschaftspolitische Beschleunigung und Erleichterung des Abbaus der Überkapazität. Enge Korrespondenz zwischen Verursachung und Instrumenten ist gegeben.

Von den sonstigen Aspekten, die Bedeutung für die Auswahl der faktisch geeigneten Instrumente aus dem Kreis der Mittel mit potentieller Zielkonformität haben können, seien nur wenige beispielhaft angeführt: *politische* (wie Popularität und Unpopularität der Maßnahmen vor Wahlen, internationale Situation, politische Unruhen u. a. m.), *zwischenstaatliche Vereinbarungen* (Meistbegünstigungsklausel, Verzicht auf Wechselkursdifferenzierung nach Ländern oder Warengattungen, Verzicht auf bestimmte Formen der Differenzierung der Verkehrstarife u. a. m.), *sozialpsychologische* (Inflationsbewußtsein, Geldillusion u. a. m.). In der Literatur wird bezüglich dieses Punktes statt der von uns vorgeschlagenen Unterscheidung in potentielle und faktische Mittel vereinzelt die Gegenüberstellung von erlaubten und nicht-erlaubten Instrumenten gebraucht.

Fassen wir rückblickend das Ergebnis unserer Überlegungen in diesem Abschnitt zusammen, so ist hervorzuheben, daß es eine beachtliche Anzahl von Aspekten gibt, die die Trennungslinie zwischen Instrumenten mit potentieller Zielkonformität einerseits und faktischer Zielkonformität andererseits festlegen. Obgleich sie von sehr unterschiedlichem Gewicht sind, schränken sie doch vorübergehend oder langfristig den Aktionsradius der praktischen Wirtschaftspolitik im Hinblick auf das verwendbare Instrumentarium mehr oder weniger stark ein.

Um keine Mißverständisse aufkommen zu lassen, muß jedoch abschließend daran erinnert werden, daß in der Regel *Kombinationen* von Instrumenten für die Realisierung von Zielsetzungen eingesetzt werden; Gruppen von Instrumenten also, die sich gegenseitig verstärken, abschwächen und ergänzen sollen. Die praktische Nutzanwendung dieser Kombinationsfähigkeit der Instrumente ist in vielen Fällen die, daß Instrumente, die bei isolierter Betrachtung zu schwach oder zu stark sind, zu geringe Variabilität aufweisen, deren volle Wirkung zu spät eintritt, weil ihre „Laufzeit" zu groß ist, usw., doch in entsprechender Verbindung mit anderen Instrumenten eingesetzt werden können. Die Effizienz des wirtschaftspolitischen Instrumentariums wird aber durch *Kombination* noch aus einem weiteren Grunde gesteigert: der Einsatz wirtschaftspolitischer Instrumente ist immer ein wirtschaftspolitischer Eingriff, der auf psychologische *Widerstände* von seiten der Wirtschaftssubjekte trifft, die es zu überwinden gilt, soll er von Erfolg begleitet sein. Mit der Stärke des Eingriffs wächst dieser Widerstand; die Wirtschaftssubjekte versuchen auszuweichen und in Extremfällen wird die Maßnahme offen oder versteckt boykottiert. Durch den kombinierten Einsatz einer Vielzahl von Instrumenten ist es nun möglich, die *Eingriffsintensität* des einzelnen Instrumentes vergleichsweise klein zu halten und damit seinen „Widerstandskoeffizienten" auf ein Mindestmaß zu beschränken; nichtsdestoweniger kann der *kumulative* Effekt der Kombination sehr groß sein.

Dieser Hinweis macht gleichzeitig deutlich, daß für die Effizienz wirtschaftspolitischer Maßnahmen die Bereitschaft der in erster Linie betroffenen Wirtschaftssubjekte ein stets wichtiger Faktor ist, die Maßnahme *als zweckmäßig, notwendig und gerecht innerlich zu bejahen,* worauf *Seraphim* nachdrücklich aufmerksam gemacht hat. Der Träger der Wirtschaftspolitik ist zur Ohnmacht verurteilt, sofern ihm die Bereitschaft nicht oder in nicht genügendem Maße von den Wirtschaftssubjekten entgegengebracht wird. Auch die Macht, wirtschaftspolitische Zielsetzungen zu realisieren, ist eine soziologische Kategorie und wird von den Soziologen als „Herrschaft über fremde Seelen" *(Vierkandt)* umschrieben. Auf eben diese „Herrschaft über fremde Gemüter" durch den Träger der Wirtschaftspolitik läuft die Bereitschaft der Wirtschaftssubjekte hinaus, die Maßnahmen des Staates innerlich zu akzeptieren.

In diesem Zusammenhang ist auch auf die Verbände hinzuweisen, die in dieser Beziehung wichtige Aufgaben übernehmen können, die wir unter dem Begriff ihrer „Aufklärungsfunktion" zusammenfassen wollen. Es ist psychologisch verständlich, daß eine Maßnahme, die von der zuständigen Interessenvertretung gutgeheißen und anerkannt wird, eher auf Verständnis bei den Mitgliedern rechnen kann als Maßnahmen, bei denen dies nicht der Fall ist. Sie dürfen nämlich in der Regel unterstellen, daß eine von der Verbandsführung gutgeheißene Maßnahme nicht im Widerspruch zum Mitgliederinteresse steht bzw. nicht den Mitgliederinteressen stärker zuwiderläuft, als dies die Wahrung übergeordneter Interessen erforderlich macht. Die Praxis der Träger der Wirtschaftspolitik, auf diese Form der Abstimmung mit den Wirtschaftsverbänden nur zu verzichten und die notwendige Aufklärungsarbeit in anderer Weise vorzunehmen, wenn dies anders nicht möglich ist, bestätigt die Richtigkeit unserer Überlegungen sowie die Einsicht des Trägers der Wirtschaftspolitik in die Bedeutung dieser Aufklärungsfunktion der Verbände für den Erfolg seiner Wirtschaftspolitik.

7. Die Systemkonformität der Instrumente

7.1 Systemkonformität und Ordungskonformität

Wir erwähnten bereits, daß die Mittelauswahl nicht ausschließlich unter dem Gesichtspunkt der Zielkonformität, d. h. der instrumental-technischen Eignung der Instrumente erfolgen kann, sondern außerdem auch die Frage ihrer *Systemkonformität* geprüft werden muß. Diese Einsicht verdanken wir in erster Linie den schlechten Erfahrungen mit dem wirtschaftspolitischen *Interventionismus,* worunter üblicherweise eine punktuelle, nur von Fall zu Fall *nachträglich* korrigierende, relativ unzusammenhängende und wenig vorausschauende Wirtschaftspolitik verstanden wird. Die interventionistischen Eingriffe des Staates häuften sich in Deutschland zwangsläufig während des ersten Weltkrieges und in der anschließenden Übergangszeit derart, daß die Wirtschaftswissenschaft zwischen den beiden

Weltkriegen geradezu auf die kritische Auseinandersetzung mit dem Staatsinterventionismus gestoßen wurde.

Es war *v. Mises,* der als einer der ersten die Abkehr vom Interventionismus und die Rückkehr zum klassischen Prinzip des laisser-faire in einer Reihe von Publikationen forderte und dabei die These aufstellte, daß jeder interventionistische Eingriff notwendigerweise weitere Eingriffe nach sich ziehe und so in lawinenhaftem Anschwellen im wirtschaftlichen Kollektivismus und der Zwangswirtschaft ende. Diese *„Kettenreaktions-These"* ist dann später von anderen Wissenschaftlern wiederholt aufgegriffen, erweitert und modifiziert sowie mit den entsprechenden Warnungen vor dem „Weg in die Knechtschaft" *(Hayek)* versehen worden. Die überwiegende Mehrzahl der Wissenschaftler schloß sich jedoch nicht der extremen These *v. Mises'* an, jeden interventionistischen Eingriff als „Kettenreaktions-Zünder" zu betrachten, weil sie angesichts der Fakten auf eine dogmatische Verzerrung einer zweifellos wichtigen Einsicht hinausläuft.

Konsequenterweise lehnten diese Wissenschaftler auch nicht rundweg den Einsatz jedes interventionistischen Instrumentes ab, sondern erhoben nur die Forderung nach „Widerspruchslosigkeit" oder „innerer Einheitlichkeit" der wirtschaftspolitischen Maßnahmen. Der Versuch, dieses sehr allgemein gehaltene Prinzip zu einer operationsfähigen *Handlungsmaxime* auch für die praktische Wirtschaftspolitik umzugestalten, führte dann zu dem *Konformitätsprinzip* in der speziellen Variante der *Marktkonformität (Röpke).* Als *marktkonform* hatten nach ihm alle Maßnahmen zu gelten, die den Preismechanismus und die durch ihn bewirkte Selbststeuerung des Wirtschaftsprozesses nicht aufheben, sondern von ihm als neue „Daten" assimiliert werden. *Marktinkonform* waren nach dieser Lehrmeinung entsprechend alle anderen Maßnahmen, die den Preismechanismus lahmlegten und deshalb eine zentralverwaltungswirtschaftlich-kollektivistische Lenkung des Wirtschaftsprozesse erforderlich machten.

Dieser Neuansatz erwies sich als außerordentlich fruchtbar, obwohl sich in der wissenschaftlichen Diskussion schon bald auch die Mängel der so interpretierten Handlungsmaxime zeigen sollten. Wir können hier auf diese Mängel nicht näher eingehen, sondern wollen nur auf ihre Hauptursachen hinweisen: sie liegen einmal darin begründet, daß das Konformitätsprinzip ausschließlich auf die Funktionsfähigkeit des *Marktmechanismus* und dazu noch unter den sehr restriktiven *Modell*-Bedingungen der *statischen Konkurrenz* eingeengt wurde; zum anderen darin, daß nicht genügend zwischen dem Markt*prozeß* und der strukturell-organisatorischen *Rahmenordnung* der Märkte unterschieden wurde, unter der der Marktprozeß abläuft.

Es war deshalb unzweifelhaft ein Fortschritt, als der Konformitätsbegriff inhaltlich auch auf die Rahmenordnung des Marktprozesses ausgedehnt wurde, was unter der neuen Bezeichnung der *Ordnungskonformität* geschah. Zwar hatte die Wirtschaftswissenschaft schon seit langem erkannt, daß Rahmenordnung und Prozeß eine Einheit bilden und infolgedessen auch als ganzheitliches Phänomen behandelt werden müssen; aber erst die systematischen Untersuchungen zur Wirtschaftsordnung in der Zwischenkriegszeit zusammen mit den Fortschritten der Preistheorie in den dreißiger Jahren lieferten den aktuellen Anlaß, die sich aus dieser Einsicht ergebenden Konsequenzen auch mit Rücksicht auf den Konformitätsbegriff zu ziehen. Als geeigneter Anknüpfungspunkt bot sich dabei die von *Eucken* vorgenommene Unterscheidung in *konstituierende* und *regulierende* Prinzipien an, die den materiellen Inhalt jedweder Wirtschaftsordnung ausmachen. Unter Beschränkung auf die Verhältnisse in marktwirtschaftlichen Ordnungen können annäherungsweise als konstituierende Prinzipien die Rahmenbedingungen bezeichnet werden, die den marktwirtschaftlichen Lenkungsmechanismus konstituieren oder hinsichtlich seiner Anwendung begrenzen sollen (u. a. Privateigentum, Wettbewerb, Gewerbe- und Vertragsfreiheit nach Eucken), während die regulierenden Prinzipien die Funktionsfähigkeit des Lenkungsmechanismus bzw. die Ergebnisse des so gelenkten Wirtschaftsprozesses beeinflussen sollen. Den beiden theoretischen Modellen von Wirtschaftsordnungen — der *Marktwirtschaft* und der *Zentralverwaltungswirtschaft* — können nach den Ergebnissen der Untersuchungen zur Wirtschaftsordnung jeweils arteigene Prinzipien und diesen Prinzipien gehorchende Instrumente aus beiden Kategorien zugeordnet werden.

Auf diesem Wege gelangte man also zur Unterscheidung *von ordnungskonformen und ordnungsinkonformen Instrumenten.* Die ordnungsinkonformen Instrumente verschlechtern nach dem Gesagten die Wirtschaftsordnung in Richtung auf das andere Modell, während die ordnungskonformen Maßnahmen die jeweilige Wirtschaftsordnung begründen, erhalten und verbessern.

Trotz der mit dieser Ausweitung des Konformitätsbegriffes einhergehenden Präzisierung blieb er für die praktische Wirtschaftspolitik immer noch relativ unbefriedigend. Eine seiner weniger wichtigen Schwächen war, daß durch die kontradiktorische Gegenüberstellung von inkonformen und konformen Instrumenten die Gefahr entstand, daß die *ordnungsneutralen* Mittel übersehen oder doch weitgehend vernachlässigt wurden. Daß dieses Denken in Gegensätzen tatsächlich schematische Vereinfachungen dieser Art im Gefolge hatte, zeigt die wissenschaftliche Diskussion jener Zeit, die häufig über diese ordnungsneutralen Instrumente hinwegsah, durch deren Einsatz die Wirtschaftsordnung weder positiv noch negativ beeinflußt wird. Als Beispiele für solche ordnungsneutralen Instrumente können die Arbeitsgesetzgebung, Ladenschlußgesetzgebung, erhebliche Ausschnitte aus der Steuerpolitik, der Raumwirtschaftspolitik usw. angeführt werden.

Als weit wichtigere Schwäche des Begriffs der Ordnungskonformität erwies sich jedoch sein weitgehendes Verhaftetsein im *modelltheoretischen* Denken, unter dem bereits der Begriff der Marktkonformität litt. Das Denken in *Ordnungsmodellen* führte bei dem Bemühen, zwischen ordnungskonformen und ordnungsinkonformen Maßnahmen zu unterscheiden, mit einer gewissen Zwangsläufigkeit dazu, daß der Konformitätsbegriff im Sinne einer *Modellkonformität* als Auswahl- und Zuordnungskriterium auf die wirtschaftspolitischen Instrumente angewendet wurde. Damit mußte aber seine Praktikabilität stark herabgesetzt werden, und zwar vor allem deshalb, weil die Wirtschaftsordnungen der *Realität* stets *Mischungen* aus mehreren Wirtschaftsordnungsmodellen darstellen. Dieser Sachverhalt ist nicht zufälliger Natur; und es kann als wissenschaftlich gesicherte Erkenntnis gelten, daß Modelle von Wirtschaftsordnungen „chemisch rein" nie realisiert werden können. Schließen wir uns der Übung an, nur zwei „reine" Modelle von Wirtschaftsordnungen — die Marktwirtschaft und die Zentralverwaltungswirtschaft — zu unterscheiden, so setzen sich die Wirtschaftsordnungen der Realität aus einem marktwirtschaftlichen und einem zentralverwaltungswirtschaftlichen Bestandteil zusammen. Wir haben uns daran gewöhnt, solche Mischungen aus den beiden Ordnungsmodellen vereinfachend als Marktwirtschaft oder Zentralverwaltungswirtschaft zu bezeichnen, je nachdem, welcher der beiden Bestandteile *dominiert*.

Unter diesen Umständen ist aber offensichtlich mit einem Konformitätsbegriff i. S. einer Modellkonformität praktisch wenig anzufangen, weil jedes Instrument alternativ als konform oder nicht-konform bezeichnet werden kann, je nachdem, welches der beiden Elemente des Mischsystems der Beurteilende im Auge hat. Für die Belange der praktischen Wirtschaftspolitik erscheint es deshalb wohl zweckmäßiger, statt des Begriffs der Ordnungskonformität den der *Systemkonformität* der Instrumente zu verwenden und so auch terminologisch zwischen diesen beiden Varianten des Konformitätsprinzips zu unterscheiden. Unter dem *Wirtschaftssystem* wollen wir dabei die *reale* Wirtschaftsordnung als Mischung aus den Modellen der Marktwirtschaft und der Zentralverwaltungswirtschaft verstehen und je nach dem Überwiegen des einen oder anderen Elementes von marktwirtschaftlichen oder zentralverwaltungswirtschaftlichen Systemen sprechen. Wir können dann wieder analog zwischen *systemkonformen, systeminkonformen* und *systemneutralen* Instrumenten in bezug auf ein *gegebenes Mischungsverhältnis* gemäß dem jeweiligen Wirtschaftssystem unterscheiden und haben auf diese Weise mit dem Konformitätsprinzip ein Zuordnungskriterium gewonnen, das von größerer Aussagekraft für die praktische Wirtschaftspolitik als das Prinzip der Ordnungskonformität ist. Es gestattet uns Aussagen über die Verträglichkeit bzw. die Nicht-Verträglichkeit (und ihre evtl. Abstufungen) von Instrumenten der Wirtschaftspolitik, einzeln oder kombiniert eingesetzt, mit den jeweils *gegebenen Wirtschaftssystemen;* wenn man so will, handelt es sich hierbei ebenfalls um eine Aussage über die Geeignetheit von Mitteln, allerdings in einem anderen Sinne.

Um keine Fehldeutungen aufkommen zu lassen, sei darauf hingewiesen, daß die jeweilige Veränderung des Mischungsverhältnisses beim Einsatz konformer oder inkonformer Instrumente (bzw. Konstanz bei neutralen Instrumenten) nur das *äußere* Beurteilungskriterium darstellt. Wir benutzen es sozusagen als *Barometer* für die Erfassung des eigentlich interessierenden Sachverhaltes: der *Funktionsfähigkeit* von (gemischten) Wirtschaftssystemen. Erfahrung und theoretische Überlegungen haben nämlich gezeigt, daß die Funktionsfähigkeit von Wirtschaftssystemen in der Regel umso geringer ist, je *ausgeglichener* das Mischungsverhältnis zwischen dem zentralverwaltungswirtschaftlichen und dem marktwirtschaftlichen Element ist. Das Mischungsverhältnis kann demzufolge als ein Maßstab von einigem Verlaß für den interessierenden Sachverhalt, d. h. die Funktionsfähigkeit des Systems, dienen.

7.2 Formale und materiale Konformität

Für die Praktikabilität des Beurteilungskriteriums spielt es selbstverständlich keine Rolle, wenn die Unterscheidung sprachlich anders gefaßt wird, sofern nur sachlich das Gleiche gemeint ist. So verwenden einige Autoren beispielsweise die Bezeichnungen „systemangepaßt", „systemfremd", „systemwidrig", „systemadäquat", obwohl mit den entsprechenden Gegenüberstellungen inhaltlich das Gleiche oder fast das Gleiche unserer Unterscheidung von systemkonformen und systeminkonformen Mitteln gemeint ist. Keine sachliche Übereinstimmung, sondern nur eine gewisse Verwandtschaft zu unserer Unterscheidung liegt bei der Gegenüberstellung von *zwingenden* und *führenden* Mitteln *(Pütz)* sowie bei der bereits erwähnten von *erlaubten* und *nicht-erlaubten* Instrumenten *(B. Hansen)* vor. Führende Mittel sind nach *Pütz* solche der Aufklärung, Beratung, Schulung und Erziehung; zwingende Mittel dagegen diejenigen, die auf dem Wege des *Befehls* (Gesetzgebung und Verwaltung) eingesetzt werden. Andere Autoren verstehen annäherungsweise unter führenden Mitteln marktkonforme und unter zwingenden Mitteln marktinkonforme Instrumente. Die Unterscheidung zwischen erlaubten und nicht-erlaubten Mitteln stellt dagegen in dem hier diskutierten Zusammenhang auf die wirtschaftspolitische „Generallinie" hinsichtlich des Wirtschaftssystems ab und weist daher eine engere Verwandtschaft mit dem Begriff der Systemkonformität auf. Annäherungsweise kann daher nach der Interpretation *Hansens* diese Unterscheidung mit der

Aufgliederung in systemkonforme und systeminkonforme Instrumente gleichgesetzt werden.

Auch für die nur *sprachlich* abweichenden Unterscheidungen ist der maßgebliche Gesichtspunkt die Art und Weise bzw. Funktionsfähigkeit des Steuerungsvorganges der wirtschaftlichen Prozesse, der den maßgeblichen Gesichtspunkt in der Lehre von den Wirtschaftsordnungen darstellt. Dieser Gesichtspunkt der Funktionsfähigkeit des Systems ist es denn auch, der zu einer weiteren, für die praktische Anwendbarkeit der Unterscheidung wichtigen Präzisierung des Konformitätsbegriffes führt. Ausschlaggebend für die Beurteilung eines Instrumentes hinsichtlich der Funktionsfähigkeit eines Wirtschaftssystems ist nicht seine *formale*, sondern seine *materiale (Tuchtfeldt)* oder faktische Konformität (bzw. Nicht-Konformität).

Die Notwendigkeit zu dieser Präzisierung des Konformitätsbegriffes ergibt sich aus dem nicht selten zu beobachtenden Auseinanderklaffen von formaler und materialer Konformität. Der Grund für diese Abweichungen liegt nicht nur in den unterschiedlichen Effekten hinsichtlich der Funktionsfähigkeit unter modelltheoretischen Bedingungen einerseits und den abweichenden Bedingungen der historisch-konkreten Situation beim Einsatz von Instrumenten in der empirischen Realität andererseits. Wenngleich dies auch die häufigste Ursache ist, so gibt es doch auch andere, wie beispielsweise die zu starke *Dosierung* beim Einsatz eines Instrumentes. Klassische Beispiele sind Prohibitivzölle und extrem hohe Steuersätze. Der Prohibitivzoll läßt zwar den Preismechanismus formal intakt, material dagegen setzt er ihn außer Kraft. Sehr hohe Steuersätze beeinträchtigen den marktwirtschaftlichen Steuerungsprozeß, weil sie die *Antriebsmomente* der zu steuernden Prozesse lähmen und außerdem zu unerwünschten Ergebnissen der Prozesse führen. Welche sinnlosen und zuweilen absurden Ergebnisse ein zwar formal intakter marktwirtschaftlicher Steuerungsmechanismus zeitigt, der unter der Einwirkung abnorm hoher Steuersätze „wild" läuft, haben die deutschen Erfahrungen nach dem 2. Weltkrieg mit aller wünschenswerten Deutlichkeit gezeigt.

Ein weiterer Grund für die erwähnte Diskrepanz ist darin zu erblicken, daß der marktwirtschaftliche Steuerungsmechanismus ein „Schönweterschiff" ist, wie dies einmal formuliert wurde. Er arbeitet zwar auch unter den anomalen Bedingungen von Krisen-, Katastrophen- und Kriegszeiten, aber die sich dann einstellenden wirtschaftlichen Ergebnisse der ablaufenden Prozesse wären derart, daß das gesamte Gesellschaftsgefüge ins Wanken geraten würde. Politische Unruhen und Umstürze wären die Folge, weil die „soziale Bruchgrenze" *(Tuchtfeldt)* für das System überschritten würde. Werden in solchen Situationen Rationierung, Kontingentierung, Preisstops und andere zentralverwaltungswirtschaftliche Maßnahmen ergriffen, so wird ein marktwirtschaftliches System vor der akuten Gefahr des Umsturzes in ein stark verwaltungswirtschaftliches System bewahrt und damit in seinem Bestand gesichert.

Wie wir bereits betonten, ist jedoch der sehr viel häufigere Grund die fehlende Übereinstimmung der Modellbedingungen mit den Bedingungen der Realität, unter denen die durch den marktwirtschaftlichen Lenkungsmechanismus gesteuerten Prozesse ablaufen. So etwa an den „neurotischen" Märkten, wo infolge nicht-marktgerechten Verhaltens der Wirtschaftssubjekte ständige und starke Preisschwankungen auftreten, die den objektiv-sachlichen Gegebenheiten und Notwendigkeiten nicht entsprechen: gleiches gilt für die Märkte mit „anomaler" Reaktion der Wirtschaftssubjekte (Agrarmärkte, Arbeitsmärkte); erwähnt zu werden verdient in diesem Zusammenhang auch das Phänomen der „Selbstrealisierung von Erwartungen", das ebenfalls zu extremen Preisschwankungen an den Märkten führen kann, die durch die Marktsituation nicht gerechtfertigt sind.

In diesen und weiteren Fällen versagt der marktwirtschaftliche Lenkungsmechanismus oder erbringt doch nur sehr unbefriedigende Ergebnisse, die von den sich unter idealen Modellbedingungen einstellenden stark abweichen, während eben auf der Grundlage dieser Modelle Urteile über die formale Konformität bzw. Inkonformität der Instrumente abgegeben werden. Offensichtlich kann aber von materialer Inkonformität der Instrumente keine Rede sein, wenn sie die Funktionsfähigkeit des Lenkungsmechanismus oder seine wirtschaftlichen Resultate unter den Bedingungen der empirischen Realität in der dem Mechanismus zugeschriebenen Richtung verbessern oder erst sicherstellen, selbst wenn die Mittel formal als inkonform bezeichnet werden müßten, wie Richt- und Festpreise, zwangswirtschaftliche Mengenregulierungen u. a. m.

7.3 Die ordnungspolitische Elastizität von Wirtschaftssystemen

Bei Beantwortung der Frage nach der materialen Konformität von wirtschaftspolitischen Instrumenten ist ein weiterer Sachverhalt zu berücksichtigen, den wir als die *ordnungspolitische Elastizität von Wirtschaftssystemen* bezeichnen wollen. Wie die Erfahrungen zeigen, weisen sämtliche Wirtschaftssysteme, insbesondere aber marktwirtschaftliche Systeme, die Fähigkeit auf, inkonforme Eingriffe innerhalb gewisser Toleranzgrenzen zu „assimilieren". *Systemveränderungen* in Zusammenhang mit dem Einsatz dieser Instrumente treten demzufolge nur auf, sofern die jeweiligen Toleranzgrenzen überschritten werden. Diese ordnungspolitische Elastizität ist primär nur ein anderer Aspekt der *Absorptionsfähigkeit* des gesamtwirtschaftlichen Wirkungszusammenhanges, die wir bereits in Zusammenhang mit der Dosierung des Mitteleinsatzes besprochen haben. Im großen und ganzen sind es auch die gleichen *Starrheitsfaktoren,* die hier wie dort im Spiele sind. Bezüglich der Absorptionsfähigkeit von *Teilordnungen* bestimmter Wirtschaftsbereiche, die von der angestrebten Gesamtordnung abweichen, ist daneben auf weitere Faktoren hinzuweisen, wie Umfang und gesamtwirtschaftliche Bedeutung der Bereiche, ihre kreislaufmäßige Verflechtung, ihre Position innerhalb der vertikalen Produktionsstruktur u. a. m.

Ob die immer vorhandenen Toleranzgrenzen für das Gesamtsystem überschritten und damit die faktische Inkonformität aktuell wird, kann in der Regel nicht bei *isolierter* Betrachtung eines einzigen Instrumentes entschieden werden. Ebenso wie der Wirtschaftsprozeß, ist auch die wirtschaftspolitische Aktivität ein zeitliches *Kontinuum,* was *faktische* Verschmelzung der Eingriffe bedeutet. Formal systeminkonforme Mittel treffen, was ihre Wirkungen angeht, wegen dieser zeitlichen Verschmelzung der Wirtschaftspolitik auf vorhergehende oder nachfolgende systemkonforme Maßnahmen und umgekehrt, was abschwächend oder gar neutralisierend wirken muß. Natürlich muß auch die entgegengesetzte Möglichkeit der gegenseitigen Verstärkung im Rahmen der zeitlichen Verschmelzung berücksichtigt werden.

Was gerade für das zeitliche *Nacheinander* gesagt wurde, gilt mutatis muntandis auch für das zeitliche *Nebeneinander.* In der Praxis kann Wirtschaftspolitik, wie wir bereits wissen, immer nur mit einer Kombination von Instrumenten auf eine Vielzahl von Zielen hin betrieben werden. Häufig wird daher der Fall eintreten, daß gleichzeitig mit inkonformen Instrumenten auch konforme Instrumente zum Einsatz gelangen (bzw. umgekehrt), die sich in ihren systemverändernden Wirkungen abschwächen, wie selbstverständlich auch hier wiederum die entgegengesetzte Möglichkeit Aktualität erlangen kann.

Entscheidend für die Frage nach der faktischen Inkonformität der Instrumente wegen Überschreitens der erwähnten Toleranzgrenzen ist also in der Empirie das Verhältnis, in dem ihre systemverändernden Auswirkungen im zeitlichen Nacheinander oder Nebeneinander mit abschwächenden oder verstärkenden Auswirkungen der anderen eingesetzten Instrumente zusammentreffen.

7.4 Die Konformitätsgrade

Auch die Berücksichtigung der ordnungspolitischen Elastizität verbessert also in Zusammenhang mit der Unterscheidung in formale sowie materiale Konformität die Anwendungsmöglichkeit dieses wichtigen Beurteilungskriteriums. Eine weitere Verbesserung ist nun dadurch zu erreichen, daß nach einem Vorschlag von *Thalheim* verschiedene Abstufungen der Konformität bzw. Inkonformität unterschieden werden. Wir wollen diese Abstufungen kurz als *Konformitätsgrade* bezeichnen.

In teilweiser Anlehnung an *Thalheim* wollen wir unsere bisherige Dreiteilung der Instrumente (systemkonform, systemneutral, systeminkonform) in der Weise erweitern, daß wir je zwei unterschiedliche Konformitäts- bzw. Inkonformitätsgrade erhalten. Als Unterscheidungskriterium dient uns bei dieser Aufsplitterung die *Stärke* oder *Intensität* der systemverändernden Effekte, die sich aus dem Einsatz der Instrumente ergeben. Wir erhalten auf diese Weise fünf Gruppen von Instrumenten, nämlich die *systemnotwendigen, -verbessernden, -neutralen, -verschlechternden und -zerstörenden Mittel.* Zur Verdeutlichung dieser Einteilung wählen wir den Fall des *marktwirtschaftlichen* Mischsystems und beginnen dabei mit der ersten Gruppe.

Systemnotwendig sind alle Instrumente, die zur Einrichtung und zum Ingangsetzen des marktwirtschaftlichen Lenkungssystems unabdingbar sind. Es handelt sich im wesentlichen um *qualitative* (strukturell-organisatorische) Instrumente, mit deren Hilfe die uns bereits geläufigen „konstituierenden Prinzipien" *Euckens* durchgesetzt werden sollen (Wettbewerb, Privateigentum, Gewerbe- und Vertragsfreiheit). Da ein marktwirtschaftliches System jedoch nie in „chemischer" Reinheit realisiert werden kann, müssen bestimmte Teilbereiche der Wirtschaft durch zwangsverwaltungswirtschaftliche Methoden geordnet werden. Dieser letzte Sachverhalt ist unbestritten, wenngleich auch über das Ausmaß, in dem die Marktwirtschaft mit zwangsverwaltungswirtschaftlichen Ordnungselementen notwendigerweise durchsetzt werden muß, die Meinungen voneinander abweichen. Vollkommen objektiv wird sich in dieser Frage wohl auch nie ein Urteil fällen lassen, so daß die Entscheidung hierüber ohne bekenntnishaft oder hypothetisch eingeführte Axiome mit Werturteilscharakter nicht gefällt werden kann.

Systemverbessernd sind nach dem Gesagten alle diejenigen Instrumente, die die spezifische Wirkungsweise des marktwirtschaftlichen Lenkungsmechanismus fördern oder erleichtern, d. h. seine Funktionstüchtigkeit verbessern; generell gesprochen also alle Maßnahmen, die Hemmungen, Reibungen, Störungen usw. im Funktionsvollzug verhüten. Weitgehende Überschneidung dieser Instrumente mit den „regulierenden Prinzipien der Wettbewerbsordnung" *Euckens* ist auch hier wiederum gegeben. In diese Gruppe fallen — um einige Beispiele anzuführen — sämtliche Maßnahmen, die eine größere *Mobilität* der Produktionsfaktoren bewirken, die das *Verhalten* der Wirtschaftssubjekte *marktgerechter* gestalten (wie Preisauszeichnung und Marktberichterstattung), die Einhaltung der *Spielregeln* des Wettbewerbs verbessern (wie Wettbewerbsgesetzgebung), *Wettbewerbsintensivierung* durch die Errichtung und den Betrieb staatlicher Unternehmungen, *Ordnungstaxen* und *Richtpreise* um spekulativ oder strukturell bedingte Über-Flexibilität des Preis- und Mengenmechanismus auf das zweckmäßige Niveau zu begrenzen u. a. m. Die Aufzählung macht deutlich, daß diese Gruppe sowohl qualitative wie auch quantitative Instrumente umfaßt. Sie weisen eine gewisse Verwandtschaft mit Maßnahmen auf, die in der Literatur als „Anpassungsinterventionen" bezeichnet worden sind; grob formuliert werden darunter Maßnahmen verstanden, die nicht *gegen* das Wirken des Marktmechanismus gerichtet sind, sondern sich aus dem Marktmechanismus ergebende Entwicklungen und Tendenzen unterstützen bzw. in die vom Marktmechanismus tendierte Richtung hinsichtlich der Prozeßergebnisse zielen.

Die Ausführungen über die *systemneutralen* Instrumente können wir kurz halten, da wir das notwendige zu ihrer Charakterisierung bereits gesagt haben. Wie wir anhand der oben erwähnten Beispiele haben deutlich werden lassen, handelt es sich bei dieser Gruppe überwiegend um qualitative Maßnahmen, wenngleich ihr auch einige wichtige quantitative Instrumente wie Finanzzölle, Wechselkurse, geldpolitische Instrumente u. a. m. zuzurechnen sind. Allerdings sind auch hier *quantitative* Aspekte ihres Mitteleinsatzes zu berücksichtigen, weil durch *Überdosierung* beim Einsatz dieser Instrumente die Systemneutralität dieser Maßnahmen gefährden wird.

Systemverschlechternd wirken sich vollständig analog zu den systemverbessernden Maßnahmen alle diejenigen Instrumente aus, die die Funktionstüchtigkeit des marktwirtschaftlichen Lenkungsmechanismus herabsetzen, ohne ihn selbst aufzuheben. Sowohl Maßnahmen, die die Arbeitsfähigkeit des Lenkungsmechanismus verschlechtern, wie auch solche, die die dem Marktmechanismus zugeschriebene Zielrichtungen hinsichtlich der Prozeßergebnisse ändern wollen, sind darunter zu verstehen (die letztgenannten mit gewichtigen Ausnahmen!). Im Hinblick auf dieses wirtschaftspolitische Anliegen zeigen sie weitgehende Verwandtschaft mit den in der Literatur häufig erwähnten *Er-*

haltungsinterventionen, die insofern *gegen* den Markt gerichtet sind, als sie etwas erhalten wollen, was der Marktmechanismus zu beseitigen tendiert.

Sehr viele qualitative und quantitative Instrumente können in einem marktwirtschaftlichen System, insbesondere über ihre Nebenwirkungen, systemverschlechternde Auswirkungen zeitigen wie etwa offene und versteckte Subventionen, Berufs- und Zulassungsordnungen, Erziehungszölle, steuer- und tarifpolitische Privilegien u. a. m. Der systemverschlechternde Effekt dieser Instrumente hängt häufig nicht nur von ihrer *Einsatzstärke,* sondern auch von situationsbedingten Umständen, von der *Einsatzdauer* sowie von anderen Faktoren ab.

Als *systemzerstörend* haben alle Instrumente zu gelten, die den marktwirtschaftlichen *Lenkungsmechanismus* und das im Wettbewerb liegende *Anreiz- und Kontrollsystem* ausschalten oder so stark beschränken, daß seine Funktionsfähigkeit aufgehoben wird. Nur die dieser Gruppe angehörenden Maßnahmen tragen die für ein marktwirtschaftliches System verhängnisvolle Eigenschaft in sich, Kettenreaktionen i. S. der durch *v. Mises* entwickelten „Kettenreaktions-These" auslösen zu können. Ähnlich wie in der Technik bedarf es aber auch hier einer „kritischen Menge", um die mit einer gewissen Zwangsläufigkeit ablaufende Reaktion in Gang zu setzen. Auch hinsichtlich dieser Instrumente ist also auf die wirtschaftspolitische Elastizität des Gesamtsystems zu verweisen; vereinzelte Eingriffe dieser Art, insbesondere wenn sie sich zeitlich nicht kumulieren und nur eine partielle Außerkraftsetzung des marktwirtschaftlichen Lenkungsmechanismus in weniger wichtigen Bereichen der Wirtschaft (abweichende Teilordnungen) beinhalten, können nach den gemachten Erfahrungen verdaut werden, wenngleich sie auch mehr als nur „Schönheitsfehler" für das System sind.

Auch bei dieser Gruppe handelt es sich sowohl um qualitative wie quantitative Instrumente, bei Übergewicht der ersten Variante, die den „konstituierenden Prinzipien" *Eukkens* zuwiderlaufen. Die quantitativen Instrumente dieser Gruppe verstoßen analog gegen die „regulierenden Prinzipien der Wettbewerbsordnung", weil sie nämlich den funktionierenden Marktmechanismus (Mengen- und Preisausgleichsfunktion, Anreizfunktion, Selektionsfunktion) ganz oder so stark aufheben, daß er nicht mehr arbeitsfähig ist. Zählen wir nur einige der wichtigsten Instrumente dieser Gruppe auf, dann wird ihr systemzerstörender Charakter unmittelbar einsichtig: staatliche Preisfixierung, Produktions- und Ablieferungsquoten, Verwendungsgebote und -verbote, Kontingentierung im Außenhandel, Devisenzwangswirtschaft, landwirtschaftliche Marktordnungen, Zulassungsverbote, Investitionsverbote u. a. m.

Bei anderen Instrumenten ist der systemzerstörende Charakter nicht so unmittelbar einsichtig, insbesondere wenn es sich um strukturell-qualitative Instrumente handelt. Die voraussichtlichen kurz- und langfristigen systemverändernden Wirkungen lassen sich nämlich oft nur sehr schwierig oder überhaupt nicht im voraus abschätzen, da die Modell-Analyse, mit deren Hilfe ja die Wirkungen antizipiert werden sollen, weitgehend versagt. Auch bei den übrigen Gruppen von Instrumenten mit anderen Konformitätsgraden stellen sich der Vorausschätzung ihrer systemrelevanten Wirkungen ähnliche oder die gleichen Schwierigkeiten entgegen. Das darin liegende Unsicherheitsmoment belastet naturgemäß die wissenschaftlichen und politischen Auseinandersetzungen über die Systemkonformität der Instrumente und bildet den Anlaß zu den starken Meinungsverschiedenheiten, denen nicht selten insbesondere die qualitativen Instrumente ausgesetzt sind.

Berücksichtigen wir ferner, daß die Einordnung der einzelnen Instrumente in die aufgeführten Konformitätsstufen nicht immer mit absoluter Sicherheit erfolgen kann, weil letztere nicht starr gegeneinander abgrenzbar sind und deshab fließende Übergänge zeigen, so wird nur allzu deutlich, weshalb die ordnungspolitischen Debatten — nicht nur bei uns in der Bundesrepublik — häufig von so geringer sachlicher Ergiebigkeit sind. Je unsicherer die Einsichten und Erkenntnisse sind, umso geringer ist die Objektivität und umso größer ist im allgemeinen der Spielraum, in dem sich subjektives Meinen, Glauben sowie weltanschaulicher Dogmatismus breit machen können. Auch unter diesem Aspekt ist es verdienstvoll, daß die Wissenschaft sich im Zuge der Beschäftigung mit der Allgemeinen Volkswirtschaftspolitik dieser Problematik angenommen hat und damit nicht wenig dazu beitragen kann, die Diskussion zu versachlichen.

8. Konzeptionen, Methoden und Strategien der Wirtschaftspolitik

8.1 Die wirtschaftspolitische Konzeption als Leitbild wirtschaftspolitischen Handelns

Mit dem Kapitel über die Systemkonformität des wirtschaftspolitischen Instrumentariums haben wir die Behandlung der *Elemente* der Wirtschaftspolitik (Lage, Ziele, Mittel) soweit abgeschlossen, daß wir nunmehr an die Erörterung *wirtschaftspolitischer Konzeptionen* herangehen können, die als *Leitbilder wirtschaftspolitischen* Handelns eben diese Elemente in einem programmatischen Gesamtkonzept zu berücksichtigen haben; dabei können die Akzente und Gewichte, wie wir noch sehen werden, sehr unterschiedlich verteilt sein, so daß je nach *Situationsbezogenheit* der Hauptakzent auf der *Zielproblematik* oder der *Mittelwahl* unter Berücksichtigung der *Konformitätsproblematik* liegt.

Das Beispiel der BRD kann als illustratives Demonstrationsobjekt dienen; wie wir bereits erwähnten, spielt die Konformitätsproblematik, bedingt durch die schlechten Erfahrungen mit dem *Interventionismus* sowie dem *Dirigismus* der 30er Jahre und der *Zwangswirtschaft* des zweiten Weltkrieges, eine bedeutsame Rolle auch in der praktischen Wirtschaftspolitik seit Kriegsende. Das Gewicht, das man in der amtlichen Wirtschaftspolitik der BRD dem Konformitätsprinzip in der Variante der *marktwirtschaftlichen* Systemkonformität zumaß, kommt augenfällig in der Bezeichnung der amtlichen *wirtschaftspolitischen Konzeption* zum Ausdruck, die man ihr zugelegt hat: „Soziale Marktwirtschaft". Die Hervorhebung des Ordnungs- und Systemgedankens in dieser Bezeichnung ist unverkennbar und läßt sogar die damit ausgesprochene ordnungspolitische Verpflichtung als die *Hauptzielsetzung* der amtlichen Wirtschaftspolitik Westdeutschlands erscheinen.

In der Wirtschaftsgeschichte findet diese starke Betonung des Systemgedankens in der wirtschaftspolitischen Konzeption wenig Parallelen, wenngleich auch in jeder wirtschaftspolitischen Konzeption, wie wir bald noch sehen werden, notwendigerweise das Systemelement seine Rolle spielt. Die Aufzählung einiger wirtschaftspolitischer Konzeptionen anderer Länder der Gegenwart und der jüngsten Vergangenheit mag als Illustration für das erwähnte Spezifikum der Konzeption der „Sozialen Marktwirtschaft" dienen: die Politik der Vollbeschäftigung, die Politik der Sozialen Sicherheit (Welfare-Staat), die Politik der Verstaatlichung, der „New Deal" in den USA der 30er Jahre, die „organisierte" Wirtschaft oder Verbands-Wirtschaft, die korporative Wirtschaft, die „ständische" Wirtschaft, die französische planification u. a. m. Die meisten dieser wirtschaftspolitischen Konzeptionen unterscheiden sich von der der „Sozialen Marktwirtschaft" schon rein äußerlich in ihrer Namensgebung dadurch, daß als Hauptzielsetzung *nicht* das ordnungspolitische Anliegen erscheint.

Daß dies bei der Konzeption der „Sozialen Marktwirtschaft" anders ist, hat seine historisch bedingten Gründe und ist keineswegs zufälliger Natur. Keines der anderen Länder der westlichen Welt ist seit den 30er Jahren derart tiefgreifenden und abrupten Veränderungen seiner Sozial- und Wirtschaftsstruktur im Zuge politischer Veränderungen sowie des 2. Weltkrieges einschließlich seiner Folgen unterworfen gewesen wie die Bundesrepublik. Daher ist es nur natürlich, daß hier das *Ordnungsbewußtsein* und die Einsicht in die Bedeutung des wirtschaftspolitischen Systems viel stärker ausgeprägt und sehr viel verbreiteter sind als in anderen Ländern, in denen die Entwicklung weit kontinuierlicher verlief, soweit Wandlungen des wirtschaftspolitischen Systems infrage stehen.

Was die wirtschaftspolitische Konzeption in Westdeutschland mit den aufgeführten und weiteren gemeinsam hat, ist ihre *Einprägsamkeit,* die durch *schlagwortartige* Verkürzung eines ganzen, möglicherweise umfangreichen wirtschaftspolitischen Programms, auf eine kurze Formel zustandekommt. Diese Reduktion des wirtschaftspolitischen Programms auf ein Stichwort ist nämlich eines der Charakteristika aller wirtschaftspolitischen Konzeptionen und erklärt sich aus ihrer *propagandistischen* Funktion sowie aus ihrer *Leitbild*-Funktion. Beiden Funktionen kann sie nur gerecht werden, wenn sie kurz und einfach gehalten wird. Als Instrument der Meinungsbildung und der politischen Auseinandersetzungen soll sie in der modernen, pluralistischen Massengesellschaft eine möglichst große Anhängerschaft gewinnen; das kann sie aber nur, wenn sie auf komplizierte Begriffe und Vorstellungen verzichtet und sich auf einen oder wenige Grundgedanken beschränkt, deren Gehalt für die große Masse einsichtig ist. Als Leitbild, an der jeder wirtschaftspolitische Akt ausgerichtet werden soll, kann sie nicht auf Teilprobleme, Tagesfragen und Ausnahmesituationen abgestellt werden, sondern nur auf eines oder wenige derjenigen wirtschaftspolitischen Anliegen, die in langfristiger Sicht als die *bedeutsamsten* angesehen werden. Wie unsere Beispiele zeigen, können diese Anliegen die Eigenschaft von *wirtschaftspolitischen* Zielen, *Methoden, ordnungspolitischen Belangen, Grundsätzen* (laisser-faire) u. a. m. haben, wie auch eine neuere Untersuchung von *Schachtschabel* (Wirtschaftspolitische Konzeptionen, 1967) wiederum bestätigt. Die ausdrückliche Aufnahme *eines* wirtschaftspolitischen Anliegens in die Bezeichnung der wirtschaftspolitischen Konzeption hat in der Regel die Bedeutung, daß diesem Anliegen Priorität vor allen anderen zukommt. Die Beschränkung und seine ausdrückliche Nennung kann nach allem, was wir bisher über die Wirtschaftspolitik erfahren haben, natürlich nicht bedeuten, daß nur dieses *eine* Anliegen verfolgt werden soll. In dieser Hinsicht gilt vielmehr, daß das in der wirtschaftspolitischen Konzeption genannte Anliegen als ein *Sammelausdruck* oder eine *Kurzbezeichnung* für die Vielzahl von wirtschaftspolitischen Zielsetzungen steht, die den Inhalt des sich hinter der Namensgebung verbergenden wirtschaftspolitischen Programmes ausmachen.

Es versteht sich beinahe von selbst, daß die auf die genannten Funktionen hin vorgenommene Vereinfachung bzw. Übervereinfachung nicht unerhebliche Mängel mit sich bringen muß, die die Rationalität und Effizienz der Wirtschaftspolitik mehr oder weniger stark gefährden, worauf besonders *Pütz* aufmerksam gemacht hat. Sie bestehen einmal darin, daß die wirtschaftspolitische Konzeption als Werkzeug der praktischen Politik zur Übertreibung, Einseitigkeit und Polemik Veranlassung gibt, weil sie immer auch gleichzeitig eine konkurrierende und *kritische* Stellungnahme zu anderen aktuellen Konzeptionen beinhaltet. Der Politiker wird außerdem dahin tendieren, seine Konzeption überoptimistisch zu formulieren, d. h. sie in einem höheren Grade realisierbar erscheinen lassen, als dies auf der Basis nüchterner und rationaler Überlegungen der Fall sein kann. Und schließlich wird sie häufig mit Absicht vieldeutig formuliert, um sie im Hinblick auf Änderungen der ökonomischen und politischen Situation „interpretationsfähig" zu halten; auch der Gruppenpluralismus in der modernen Massengesellschaft wirkt in dieser Richtung: um eine möglichst große Anhängerschaft zu gewinnen, muß die Akzentuierung bzw. die Artikulation stets vorhandener Interessenkollisionen in der Benennung möglichst vermieden werden. Eine möglichst allgemein gehaltene Formulierung kann neben anderem auch diesen Dienst leisten.

Solche und ähnliche Nachteile müssen aber den Wert der wirtschaftspolitischen Konzeption für die praktische Wirtschaftspolitik mehr oder weniger stark herabsetzen. Das ist umso bedauerlicher, als die wirtschaftspolitischen Konzeptionen — jedenfalls die der Neuzeit — die Überwindung des systemlosen, punktuellen und nachträglich korrigierenden Interventionismus ermöglichen könnten. Man hatte erkannt, daß die Wirtschaftspolitik optimal nur betrieben werden kann, wenn die wirtschaftspolitischen Einzelmaßnahmen als Teile eines zusammengehörigen Ganzen, d. h. mit Berücksichtigung des Sinn- und Wirkungszusammenhanges zwischen den Einzelakten und Teilprogrammen, geplant und durchgeführt werden, wenn die Wirtschaftspolitik langfristig und auf Dauer *vorausgeplant* und auf *Kontinuierlichkeit* abgestellt ist. Die wirtschaftspolitische Konzeption kann nun aber als ein einheitliches Gesamtkonzept, an dem alle Einzelmaßnahmen auszurichten sind, gerade unter diesen Aspekten wertvolle Dienste leisten; Voraussetzung ist allerdings, daß ihr Inhalt, der sich hinter dem „Code-Wort" verbirgt, so präzise und detailliert festgelegt wird, daß die Träger der Wirtschaftspolitik und alle an der Wirtschaftspolitik mitwirkenden Institutionen auch diese Orientierung praktisch vornehmen können.

Zur Lösung dieser letzten Aufgabe kann die Allgemeine Volkswirtschaftspolitik als wissenschaftliche Disziplin einiges beisteuern und hat dies bereits mit Erfolg getan, wenngleich auch die intensive Beschäftigung mit diesem Gegenstand erst in ihren Anfängen steht. Wie aus unseren Darlegungen deutlich geworden ist, stellt die Beschäftigung mit den Zielen, Mitteln und der Situation den Hauptinhalt des theoretisch-systematischen Teils der Allgemeinen Volkswirtschaftspolitik dar. Gerade diese drei Elemente der Politik müssen aber nach dem derzeitigen Stand unserer Einsichten als der materielle *Hauptinhalt* jeder wirtschaftspolitischen Konzeption angesehen werden. Wegen dieser Übereinstimmung ist es auch möglich, die Einsichten und Erkenntnisse der Allgemeinen Volkswirtschaftspolitik für die *Interpretation* der wirtschaftspolitischen Konzeptionen in der angedeuteten Richtung nutzbar zu machen. Daß die Allgemeine Volkswirtschaftspolitik daneben auch für die Entwicklung neuer wirtschaftspolitischer Konzeptionen Hilfestellung leisten kann, zeigt das Beispiel der „Sozialen Marktwirtschaft", die von dem ehemaligen Staatssekretär im BWM, Prof. Dr. *Müller-Armack* unmittelbar nach Ende des 2. Weltkrieges entworfen wurde, der dabei auf erhebliche Vorarbeiten der Freiburger Schule um *Eucken* zurückgreifen konnte.

Konzentrierten sich seine Untersuchungen auf eine spezifische Konzeption, so versuchen neuere Arbeiten die Problematik einer mehr generellen und systematischen Lösung zuzuführen. Insbesondere die Frage, welche Elemente jede wirtschaftspolitische Konzeption einschließen muß, um zureichend rational und gleichzeitig praktikabel genug zu sein, hat das Interesse der Wissenschaft auf sich gezogen. Da die Forderung nach Kürze und Einprägsamkeit die ausdrückliche Erwähnung und Aufzählung dieser Elemente in der Bezeichnung der wirtschaftspolitischen Konzeptionen verbietet, müssen sie im Wege der Interpretation in Form einer „Gebrauchsanweisung" oder „Legende" angefügt werden.

Wie bereits erwähnt, ist nach den vorläufigen Ergebnissen der einschlägigen Untersuchungen zu vermuten, daß den Hauptbestandteil jeder wirtschaftspolitischen Konzeption die schon mehrfach zitierten *Elemente der Politik,* d. h. die Lage, die Ziele und die Mittel, bilden. Das Spezifikum der einzelnen wirtschaftspolitischen Konzeption liegt darin, welche konkreten *Ziele* sie unter Berücksichtigung der jeweiligen *Situation* verwirklichen und mit welchen konkreten *Mitteln* sie diese Ziele unter dem Aspekt der Ziel- und Systemkonformität anstreben will. Nach dem Gesagten würden nähere Aussagen zu diesen Elementen der wirtschaftspolitischen Konzeption den Hauptinhalt der erläuternden Interpretationen ausmachen. Welcher Art diese Aussagen, welche Aspekte zu berücksichtigen sind und was sie zum konkreten Inhalt haben, wollen wir anhand der erwähnten Elemente mit einigen allgemein gehaltenen Bemerkungen anzudeuten versuchen:

Die Berücksichtigung der jeweiligen historischen *Situation* ergibt sich als notwendige Folge der Forderung nach Realisierbarkeit und Realitätsbezogenheit der wirtschaftspolitischen Konzeption. Sowohl die Entscheidung über die anzustrebenden Ziele wie auch über die anzuwendenden Mittel hat der jeweiligen Situation unter einer Vielzahl von Aspekten Rechnung zu tragen: den Entwicklungstendenzen der Volkswirtschaft, den außen- und innenpolitischen Verhältnissen, der Sozialstruktur, den dominierenden politischen und wirtschaftspolitischen Anschauungen, dem Rechtssystem usw. Die Berücksichtigung dieser Faktoren führt nicht nur zu einer bestimmten Kombination von Zielen und bestimmten Prioritätsbeziehungen unter ihnen, sondern sie beeinflußt auch die Entscheidung darüber, welche Instrumente konkret als autonom oder nichtautonom zu gelten haben, welche faktische im Gegensatz zu potentieller Zielkonformität aufweisen, ob ihre Systemkonformität formaler oder materieller Natur ist usw. Sie führt auch, worauf *Pütz* aufmerksam gemacht hat, dazu, den *Kompromiß* als Wesensbestandteil der praktischen Wirtschaftspolitik und damit auch der wirtschaftspolitischen Konzeption als eines Leitbildes für wirtschaftspolitisches Handeln zu konzipieren. Zumindest in jeder freiheitlichen Gesellschaft wird gegensätzlichen Interessen und antinomischen Zielvorstellungen Spielraum gewährt, zwischen denen nur über den Kompromiß eine Brücke geschlagen werden kann. Die Folge sind kompromißbehaftete Ziel- und Mittelkombinationen in wirtschaftspolitischen Konzeptionen. Die spezielle Aufgabe der wissenschaftlichen Wirtschaftspolitik ist es in diesem Zusammenhang, den Kompromiß in seinen Konsequenzen sichtbar und deutlich zu machen sowie seine Grenzen im Hinblick auf die Funktionsfähigkeit des Gesamtsystems und die dominierende(n) Zielsetzung(en) ökonomischer oder außerökonomischer Natur aufzuzeigen.

Hinsichtlich der *Ziele* gilt, daß entsprechend dem Leitbild-Charakter der wirtschaftspolitischen Konzeption in die Interpretation grundsätzlich nur die *langfristig* angestrebten *Hauptziele* aufzunehmen sind. Mit dieser Einschränkung muß jedoch die Aufzählung vollständig sein, weil andernfalls die praktische Verwendungsfähigkeit der wirtschaftspolitischen Konzeption, was die Rationalität und Effizienz der auf ihrer Grundlage betriebenen Wirtschaftspolitik angeht, stark eingeschränkt würde.

Vollständig ist die Aufzählung nur — wie *Jöhr* betont hat —, wenn sie die folgenden Arten von Zielen enthält:

1. Ziele, welche die Wachstumsrate des Sozialproduktes und die Gleichmäßigkeit des Wachstums im Zeitablauf, die

personelle Verteilung des Volkseinkommens sowie seine Aufteilung auf die private und öffentliche Hand betreffen.

2. Ziele, die sich auf die Stabilität des makro-ökonomischen Gesamtprozesses (Kreislauf), insbesondere hinsichtlich der Beschäftigung, des Geldwertes und des Zahlungsbilanzgleichgewichtes, beziehen.

3. Ziele, welche die Sicherung der Existenz des Staates als organisierte Gesamtheit der Gesellschaft betreffen sowie Art und Ausmaß der Sicherung der ökonomischen Existenz von Wirtschaftssubjekten bzw. Gruppen von Wirtschaftssubjekten.

4. Ziele, die die Gestaltung der geographischen Verteilung der ökonomischen Aktivität innerhalb des Wirtschaftsraumes der Gesellschaft zum Gegenstand haben.

5. Ziele, die das Verhältnis von Individuum und Gemeinschaft betreffen, soweit dadurch die Sphäre der ökonomischen Freiheit des Individuums tangiert wird.

Die letzterwähnte Gruppe von Zielen kann abweichend von unserem Vorgehen auch als eine Art von einschränkenden Bedingungen (nach *Pütz* bedingende Werte) für die Realisierung der erstgenannten Gruppen von Zielsetzungen aufgefaßt werden. Je nachdem, was die konkreten Zielsetzungen in den einzelnen Gruppen sind, können einzelne von ihnen untereinander, insbesondere aber im Verhältnis zu den Zielen der letzten Gruppe antinomischen Charakter tragen. In diesem Sachverhalt dokumentiert sich dann entsprechend dem gerade Gesagten der kompromißbehaftete Charakter der wirtschaftspolitischen Konzeption.

Die Aufzählung aller *Mittel,* die faktische Ziel- und/oder Systemkonformität bzw. Systemneutralität beanspruchen können, verbietet sich aus ungefähr den gleichen Gründen, die gegen die Aufnahme sämtlicher Ziele sprechen. Es kommt hinzu, daß die Ziele ja nicht alle genannt sind und schon aus diesem Grunde Vollständigkeit der Aufzählung der Instrumente nicht möglich ist. Viele der Einzelziele werden sich in Konsequenz der ständigen Veränderungen, denen der Wirtschaftsprozeß im Zeitablauf unterworfen ist, wandeln, welcher Sachverhalt ein weiterer Grund für die mehr grundsätzliche und systematische Behandlung des Mittelproblems ist. Es empfiehlt sich deshalb — nach einem Vorschlag von *Pütz* — Aussagen hinsichtlich der Mittel auf Aussagen über *wirtschaftspolitische Methoden* zu reduzieren, wobei der Begriff der Methode so zu definieren ist, daß er ein Auswahlkriterium für diejenigen Instrumente und Maßnahmen abgeben kann, die unter Berücksichtigung der situationsbedingten Gegebenheiten und bei Beachtung der faktischen Systemkonformität sowie der Kompromisse über die Ziele optimale Zielverwirklichung ermöglichen. Im Anschluß an die aufgeführten Gruppen von Zielen wäre also ein System der wichtigsten Methoden auf den Gebieten der Wachstumspolitik, der Einkommenspolitik, der Beschäftigungs- und Konjunkturpolitik, der Außenhandelspolitik, der Wirtschaftsordnungspolitik (ökonomische Freiheit) sowie der *Sektoralpolitiken* (Spezielle Volkswirtschaftspolitik) zu entwickeln.

Ziehen wir das Fazit aus unseren Darlegungen, dann ist der Schluß unausweichlich, daß wirtschaftspolitische Konzeptionen *ohne* hinreichende Fundierung und Interpretation auf der Grundlage der durch die Allgemeine Wirtschaftspolitik entwickelten Einsichten die praktische Wirtschaftspolitik vor erhebliche Belastungen stellen können; die Schwierigkeiten und Probleme der praktischen Wirtschaftspolitik können eben nicht durch die einfache Einführung neuer Begriffe gelöst werden — mögen letztere auch noch so einprägsam sein — sofern sich mit ihnen nicht ein präziser und detaillierter Inhalt verbindet.

8.2 Methoden der Wirtschaftspolitik

Wie wir gerade zeigten, befreit die programmatische Verwendung von wirtschaftspolitischen Konzeptionen den jeweiligen Träger der Wirtschaftspolitik keineswegs von der Verpflichtung, eine Auswahl unter den zahlreichen *Methoden* zu treffen, deren sich die praktische Wirtschaftspolitik bedienen kann und die in der Regel eine gewichtige Rolle für ihre Effizienz und Rationalität spielen, aber auch wichtige Bezüge zu Elementen der kollektiven Präferenzskala aufweisen. Deshalb wollen wir uns mit ihnen in der gebotenen Kürze beschäftigen, wobei uns der Begriff der Methode vorzugsweise, aber nicht ausschließlich, in technisch-instrumentaler Hinsicht interessiert.

Auf diesen Aspekt stellt auch eine im Schrifttum der Gegenwart gebräuchliche Klassifizierung der Wirtschaftspolitik in *Fiskalpolitik, Geld-, Kredit- und Währungspolitik, direkte* Kontrollen sowie *Änderung des institutionellen Rahmens* ab. Erklärungsbedürftig sind bei dieser Einteilung nur die beiden letztgenannten: mit direkten Kontrollen werden *zwingende* Maßnahmen bezeichnet (s. hierzu Kap. 6), während durch Maßnahmen der letzten Gruppe der institutionelle Rahmen geändert werden soll, innerhalb dessen die Wirtschaftsprozesse ablaufen und die übrigen Instrumente wirksam werden können. Beispiele für solche Rahmenänderungen sind die Reform des Banken- oder Steuersystems, Verstaatlichung von Wirtschaftszweigen, Systemwechsel der Sozialversicherung u. a. m. Eine nähere Prüfung zeigt, daß diese Klassifikation bedauerlicherweise beträchtliche Überschneidungen aufweist.

Diese Überschneidungen werden von der auch in der praktischen Wirtschaftspolitik üblichen Zweiteilung in *Rahmen-* und *Ablaufspolitik* weitgehend vermieden, wobei unter Rahmenpolitik teilweise die gerade erwähnten institutionellen Änderungen im Gegensatz zur übrigen Politik gemeint ist, durch die der innerhalb des Rahmens ablaufende Prozeß des gesellschaftlichen Wirtschaftens gestaltet werden soll.

Die Erläuterungen zur letzterwähnten Zweiteilung machen bereits deutlich, daß sie sich weitgehend mit der anderen deckt, bei der in *Struktur- und Prozeßpolitik* unterschieden wird. Deckungsungleichheit liegt nur im Vergleich zwischen Rahmen- und Strukturpolitik vor, weil der Strukturbegriff sehr viel umfassender als der des Rahmens ist. Man versteht darunter nicht nur die institutionellen Rahmenbedingungen, sondern auch das *Verhältnis* von Strömungs- und Bestandsgrößen (wie bspw. Einkommens- und Vermögensstruktur) der Wirtschaftszweige zueinander (Branchenstruktur), der regionalen Aufteilung der Wirtschaftsaktivität (Regionalstruktur) wie auch der Tiefengliederung und zeitlichen Gliederung (vertikale Produktionsstruktur, Berufsstruktur, Altersstruktur der Bevölkerung) und vieles andere mehr. Infolgedessen erscheint es zweckmäßig, verschiedene Untergruppen der Strukturpolitik zu unterscheiden wie etwa: Wirtschaftsordnungspolitik, Grundlagenstrukturpolitik, regionale Strukturpolitik, Infrastrukturpolitik, sektorale Strukturpolitik, Branchenstrukturpolitik u. a. m.

Allerdings muß mit der durch Einführung des Strukturbegriffs bedingten Ausweitung des Begriffsinhaltes ein nicht unwichtiger Nachteil bei der Zweiteilung der Wirtschaftspolitik in Kauf genommen werden: beide Bereiche überschneiden sich erheblich, weil durch Strukturänderungen auch Prozesse beeinflußt werden können und umgekehrt durch prozeßpolitische Maßnahmen Strukturveränderungen im Regelfall bewirkt werden können. Beispiele sind die Strukturpolitik mit wachstumspolitischer Zielsetzung oder quantitative Maßnahmen der Fiskalpolitik zwecks Änderung der Einkommens- und Vermögensstruktur, sie könnten beliebig vermehrt werden, sowohl aus dem Bereich der *Makro-* wie auch der *Mikropolitik*.

Alle bisher erwähnten Klassifizierungen der Wirtschaftspolitik haben gemeinsam, daß die Systematik *nicht* auf die maßgeblichen Ziele der Wirtschaftspolitik abstellt, was uns zu ihrer Charakterisierung als Methoden veranlaßt. Der gleiche Sachverhalt trifft auch für weitere Klassifizierungen zu, wenngleich die jeweilige technisch-organisatorische Akzentuierung differiert. So etwa bei der Unterscheidung von *informativer, indikativer* und *imperativer* Wirtschaftsplanung, in welchem Zusammenhang unter Wirtschaftsplanung die *wirtschaftpolitische* Steuerung, Beeinflussung oder Lenkung auf der Basis eines umfassenden, veröffentlichten und quantitativen Planes zu verstehen ist. Illustrative Beispiele sind die französische *Planification* und die Mehrjahres- (Perspektiv-) und Einjahrespläne in den Ländern des Ostblocks. Während die letztgenannten gesetzlich verbindlichen Charakter haben und deshalb bis hinunter zum einzelnen Betrieb (gegebenenfalls auch bis zum einzelnen Haushalt) *imperativer* Natur sind, soll durch *indikative* Planung den Wirtschaftssubjekten — gegebenenfalls durch die Gewährung von zusätzlichen materiellen Anreizen neben der Bekanntgabe der im Plan festgelegten Zielgrößen — ein wirtschaftliches Verhalten nahegelegt werden, durch das die Realisierung eben dieser Zielgrößen sichergestellt werden soll. Bedeutsam ist bei der indikativen Planung außerdem, daß der oder die Träger der Wirtschaftspolitik sich verpflichten, ihre wirtschaftspolitische Aktivität auf die Realisierung der Zielgrößen auszurichten, d. h. daß sie bei wenig planungskonformem wirtschaftlichem Verhalten der Wirtschaftssubjekte *korrigierende* Maßnahmen ergreifen werden, die sich als wirtschaftspolitische *Sanktionen* gegen alle oder Gruppen von ihnen auswirken. Die von der derzeitigen Bundesregierung betriebene *Globalplanung* im Rahmen des Stabilitätsgesetzes fällt in diese Kategorie der indikativen Planung. *Informative* Planung liegt hiervon abweichend vor, wenn die Zielgrößen des wirtschaftspolitischen Planes *ausschließlich* bekanntgegeben werden, um den Wirtschaftssubjekten ein planungskonformes Verhalten durch bessere und vollständigere Information zu erleichtern. Die Bekanntgabe von *„Orientierungsdaten"* durch die Träger der Wirtschaftspolitik macht diese Beschränkung auf Unterrichtung auch praktisch sichtbar, während die Setzung von *„Zeitlinien"* bei der indikativen Planung nach bundesrepublikanischem Muster deutlichen Appellcharakter an die Wirtschaftssubjekte zu programmkonformen Verhalten trägt und gleichzeitig den Träger der Wirtschaftspolitik gegebenenfalls auf die korrigierende und konterkarierende *Globalsteuerung* verpflichtet. Mit dieser Globalsteuerung, die im Gegensatz zur *Detailplanung* den ökonomischen Handlungsspielraum der einzelnen Wirtschaftssubjekte nicht beschneidet, ist also das maßgebliche wirtschaftspolitische Verfahren genannt, mit dessen Hilfe in marktwirtschaftlichen Systemen „Planung ohne Planwirtschaft" möglich ist, weil die wirtschaftspolitischen Zielvariablen *Makrovariable* sind, die durch sehr starke Aggregation von Mikrovariablen zustandekommen; bei der Detailplanung werden eben auch diese Mikrovariablen zu verbindlichen Zielgrößen der wirtschaftspolitischen Planung und damit der Gestaltungsmöglichkeit durch die einzelnen Wirtschaftssubjekte im Rahmen ihrer Wirtschaftspläne entzogen.

Handelt es sich bei den Zielvariablen um makroökonomische Kreislaufgrößen und haben sich die Träger der Wirtschaftspolitik für die indikative Globalplanung entschieden, dann sind bestimmte wirtschaftspolitische *Steuerungsmethoden* zulässig, die alternativ oder kombiniert eingesetzt werden können, während andere ausgeschlossen sind. In diesem Zusammenhang ist beispielhaft an die Unterscheidung der gegenwärtigen regierungsseitigen Wirtschaftspolitik in der BRD zu erinnern, die zwischen *Marktbeeinflussung, -intervention* und *-regulierung* differenziert und für die indikative Globalplanung nur die beiden erstgenannten Methoden zuläßt. Gleichzeitig wird bei dieser Dreiteilung die Marktregulierung der *imperativen* Planung zugeordnet, wobei der Kreislaufzusammenhang zwischen Global- und Detailplanung die regulierende Detailsteuerung als *Voraussetzung* für die imperative Globalsteuerung erforderlich macht. Es ist offensichtlich, daß bei dieser Dreiteilung die Marktregulierung mit wirtschaftspolitischem *Dirigismus* gleichgesetzt wird, während in der Literatur auch ein anderer Begriffsinhalt verwendet wird, bei der das Unterscheidungskriterium die *permanente* oder *nicht-permanente* i. S. von temporär-intermittierende Steuerung von Prozessen ist. Die wirtschaftspolitische Regulierung würde sich hiernach als unregelmäßig erfolgender Eingriff in den Prozeßmechanismus darstellen im Gegensatz zur permanenten Steuerung (Beeinflussung) des Prozeßablaufs selbst. Zur Verdeutlichung mag ein Beispiel aus der industriellen Fertigung dienen: der Bearbeitungsprozeß an einer halbautomatischen Walzstraße wird permanent von der Bühne aus *gesteuert*, während die Einstellung der Walzen unregelmäßig reguliert wird. Diese Mehrdeutigkeit des Regulierungsbegriffes läßt es angezeigt erscheinen, im Falle der imperativen Planung die eindeutigere Kennzeichnung des wirtschaftspolitischen Dirigismus zu benutzen.

Auf diese Weise könnte auch eine klare und eindeutigere Abgrenzung gegenüber den *interventionistischen* Steuerungsmethoden in dem Sinne vorgenommen werden, daß es sich hierbei um fallweise und vereinzelte, nachträglich *korrigierende* wirtschaftspolitische Eingriffe handelt, die größtenteils unter Verstoß gegen das Prinzip der Systemkonformität praktiziert werden. In marktwirtschaftlichen Systemen müßte demzufolge der Interventionismus dem Bereich der imperativen *Wirtschaftslenkung* ebenso wie der Dirigismus zugeordnet werden.

Obige Charakterisierung des Interventionismus als nachträglich-korrigierender wirtschaftspolitischer Aktivität sollte nicht zu dem Umkehrschluß verleiten, daß korrigierende Wirtschaftspolitik stets auch interventionistische Wirtschaftspolitik sei; ein Blick auf die wirtschaftspoltische Praxis der Gegenwart etwa in der BRD zeigt deutlich, daß es auch nicht-interventionistische Varianten der korrigierenden Wirtschaftspolitik gibt. Allerdings zeigt die Praxis auch, daß häufig zufriedenstellende Ergebnisse nur mittels *präventiver* (prophylaktischer) wirtschaftspolitischer Lenkung zu erzielen sind. Diese vorbeugende Wirtschaftspolitik unterscheidet sich von der korrigierenden Wirtschaftspolitik vorzugsweise dadurch, daß *vorausschauend* schon die *Entstehung* bzw. *Entwicklung* von wirtschaftspolitisch unerwünschten Konstellationen durch entsprechende Ausrichtung der Wirtschaftspolitik vermieden wird und damit Programme zur Bekämpfung bereits eingetretener Unzulänglichkeiten und Störungen überflüssig werden. Hauptanwendungsgebiet der präventiven Wirtschaftspolitik ist die Konjunkturpolitik, in der die Bekämpfung von Rezessionen oder Depressionen *präventiv* in einer gegenzyklischen *Dämpfungspolitik* gegen die Übersteigerung des jeweils zeitlich vorangehenden Booms schon während der konjunkturellen Aufschwungsphase eingeleitet bzw. gehandhabt werden kann. Bei der konstatierend-korrigierenden Konjunkturpolitik läßt man dagegen erst *nach* Erreichen des oberen konjunkturellen Wendepunktes die Maßnahmen zur Bekämpfung der Depression bzw. Rezession anlaufen. Ebenso wie in den übrigen Fällen, in denen die präventive Wirtschaftspolitik mit Erfolg betrieben werden kann, sind es in der Konjunkturpolitik bestimmte und bekannte empirische Entwicklungsgesetzmäßigkeiten, nämlich der ständige Wechsel von konjunkturellen Aufschwungs- und Dämpfungsphasen, welche die Ereignisse und Sachverhalte der nahen oder fernen Zukunft mit hohem Wahrscheinlichkeitsgrad vorhersehbar machen, die zu wirtschaftspolitischen Eingriffen Veranlassung geben.

Die *Vorhersehbarkeit* der Ereignisse mit hohem Wahrscheinlichkeitsgrad im Entwicklungsablauf ist also Voraussetzung dafür, daß ihrem Eintreten durch präventive Wirtschaftspolitik entgegengewirkt wird, so daß sie im Idealfall überhaupt nicht auftreten. Diese spezifische Vorhersehbarkeit ist gleichzeitig auch der Grund dafür, daß die präventive Wirtschaftspolitik in der Regel bei weitem nicht so stark mit der Zeitproblematik belastet ist, wie dies für die nicht-präventive Wirtschaftspolitik zutrifft. In der Literatur wird dieser Zeitaspekt der praktischen Wirtschaftspolitik üblicherweise bei Behandlung des Lag-Phänomens, wobei in den jüngsten Beiträgen eine Dreiteilung vorgenommen wird: dem recognition-lag wird ein administrativlag und diesem wiederum ein operational-lag zeitlich angegliedert. Während mit den beiden letztgenannten lags der Zeitbedarf in der Planungs- und Entscheidungsphase bzw. in der Durchführungsphase (oder Wirtschaftsphase) der Wirtschaftspolitik angesprochen wird, ist mit dem recognition-lag der Zeitbedarf der Situationsanalyse bezeichnet, der je nach Lage der Dinge unterschiedlich lang sein kann. Je nach den Umständen kann dieser Zeitbedarf zu einer erheblichen Verzögerung in der sicheren Erfassung und Konstatierung eines wirtschaftspolitisch erwünschten oder unerwünschten Ereignisses im zeitlichen Ablauf des Wirtschaftsgeschehens führen. Im Falle der präventiven Wirtschaftspolitik entfällt nun dieser recognition-lag in der Regel oder er wird doch zeitlich stark komprimiert, weil ja bereits *vor* Eintreten des Ereignisses vorsorgliche wirtschaftspolitische Gegenmaßnahmen ergriffen werden und nicht erst *nach* seinem Eintreten wie in der nicht-präventiven Wirtschaftspolitik.

Es ist ohne weiteres einsichtig, daß für die Effizienz der praktischen Wirtschaftspolitik die Unterscheidung in prophylaktische und konstatierende Wirtschaftspolitik von erheblicher Relevanz ist und daß der Vorrang eindeutig der prophylaktischen Wirtschaftspolitik gebührt, wann immer die Verhältnisse ihren Einsatz zulassen. Diese Vorrangigkeit folgt aus dem Grundsatz der Praevention im Sinne der Vorsorglichkeit, die für jeden Bereich der Politik, und damit auch für die Wirtschaftspolitik ein unverzichtbares Postulat darstellt. Infolgedessen wird dieser Grundsatz auch in der wissenschaftlichen Literatur, soweit sie sich überhaupt mit den *Grundsätzen* der Wirtschaftspolitik als den Fundamenten befaßt, auf denen die wirtschaftspolitische Methodik aufbaut, als einer der wichtigsten betrachtet. Für die Effizienz und Rationalität der praktischen Wirtschaftspolitik kommt ihm auch nach unserer Auffassung eine größere Bedeutung zu, als etwa solchen Grundsätzen, wie beispielsweise der *Flexibilität* oder der *Verhältnismäßigkeit,* die häufig in der einschlägigen Literatur im gegenwärtigen Zusammenhang genannt werden; auch im Bezug auf den Grundsatz der *Kontinuität* der Wirtschaftspolitik i. S. einer stetigen, nicht sprunghaften Wirtschaftspolitik wird man schwerlich zu einem wesentlich anderen vergleichenden Urteil gelangen können.

Dagegen erscheint es gerechtfertigt, die beiden noch verbleibenden Grundsätze der Wirtschaftspolitik aus dem in der Literatur üblichen Katalog höher einzustufen, weil durch sie neben der Effizienz und Rationalität auch die Systemkonformität der Wirtschaftspolitik berührt wird; letzteres gilt insbesondere für den Grundsatz der *Widerspruchslosigkeit* oder *Einheitlichkeit,* aber auch für den Grundsatz der *Vollständigkeit,* wenn hierunter nicht nur ein umfassendes Programm mit ergänzenden und flankierenden Maßnahmen verstanden wird, sondern auch die gegenseitige Bedingtheit bzw. Zusammengehörigkeit von Prozeß- und Strukturpolitik einerseits und Wirtschaftsordnungspolitik andererseits.

8.3 Planungs- und Entscheidungstechniken, Wirtschaftspolitische Strategien

Methoden und Grundsätze der Wirtschaftspolitik stehen in einem engen Sachzusammenhang mit den *wirtschaftspolitischen Strategien* der Träger der praktischen Wirtschaftspolitik sowie mit den *Planungs-* und *Entscheidungstechniken,* die Auswahl und Einsatz der jeweilig optimalen Strategie bzw. Kombination von Strategien ermöglichen sollen.

Dabei wollen wir mit dem Begriff der wirtschaftspolitischen Strategie nicht einfach erfolgsversprechende *Alternativen* wirtschaftspolitischer Aktivität bezeichnen, wie sich dies inzwischen weitgehend in der wirtschaftspolitischen Tagesdiskussion eingebürgert hat, sondern mit *Gärgen* unter Strategie einen bedingten Plan verstehen, „der für jede erwartete Eventualität die Handlungsweise festlegt, für verschiedene mögliche Ergebnisse dieser Handlung wiederum eine bestimmte erneute Aktion vorsieht usw.".

Die Notwendigkeit für die Entwicklung von Strategien in der praktischen Wirtschaftspolitik ergibt sich aus der *Unsicherheit,* in der sich die Träger der Wirtschaftspolitik hinsichtlich der angestrebten und beabsichtigten Wirkungen der von ihnen einzusetzenden bzw. eingesetzten Maßnahmen befinden; zwar kann der *Unsicherheitsgrad* von Fall zu Fall und je nach den konkreten Umständen variieren und es kann auch mehr oder weniger erfolgversprechend der Versuch unternommen werden, den Unsicherheitsbereich einzuengen. Vollkommen beseitigen jedoch läßt sich das Unsicherheitsproblem nie (von wenigen Ausnahmefällen abgesehen), so daß die *Grundsituation* aller praktischen Wirtschaftspolitik eben die des *Handelns bei Unsicherheit* über Wirkung und Erfolg wirtschaftspolitischer Maßnahmen bzw. Maßnahmenkombinationen ist.

Was sind nun die maßgeblichen *Unsicherheitsfaktoren*, die zur Strategie in der Durchführungsphase der Wirtschaftspolitik mit entsprechenden Konsequenzen für die Planungs- und Entscheidungsphase Veranlassung geben? Für dezentralisierte wirtschaftspolitische Systeme, wie sie für die pluralistischen Gesellschaftsverfassungen der westlichen Welt typisch sind, ist von diesen Unsicherheitsfaktoren an vorderster Stelle die Vielzahl von wirtschaftspolitischen *Akteuren* zu nennen, von denen jeder einzelne wiederum i. d. R. eine Vielzahl von *Handlungsmöglichkeiten* mit einem mehr oder weniger großen *Handlungsspielraum* hat, und zwar sowohl hinsichtlich der wirtschaftspolitischen Zielsetzungen wie auch des Instrumentariums. Ob sich die erwarteten und intendierten *Handlungsfolgen* eines bestimmten Trägers der Wirtschaftspolitik — wie beispielsweise des Staates — einstellen, hängt also u. a. davon ab, mit welchen *Handlungsalternativen* die übrigen Träger agieren und reagieren. Berücksichtigen wir dabei, daß in die Planungsüberlegung der Akteure zusätzlich auch noch die möglichen Gegenaktionen und -reaktionen einbezogen werden können, dann wird der erhebliche Beitrag dieses Unsicherheitsfaktors zu dem jeweiligen *Unsicherheitsgrad* ohne weiteres einsichtig. Je nach den Umständen kann dieser Unsicherheitsgrad variieren zwischen *vollständiger* Unsicherheit und *schwacher* Unsicherheit, die sich der vollständigen Sicherheit annähert.

Der zweite wichtige Unsicherheitsfaktor sind die Wirtschaftssubjekte bzw. Gruppen von Wirtschaftssubjekten (im Gegensatz zu den gerade behandelten Subjekten der *Wirtschaftspolitik)*, deren ökonomische Wahlhandlungen durch die Maßnahmen gesteuert werden sollen und deren erwartete Reaktionen zur beabsichtigten Beeinflussung der Zielvariablen führen sollen. Auch ihnen stehen in der Regel eine Vielzahl von Handlungsalternativen in Zusammenhang mit ihren Aktionen, Gegenaktionen und Reaktionen — insbesondere was deren Richtung und Stärke angeht — zur Verfügung. Außerdem haben die Wirtschaftssubjekte damit zu rechnen, daß ihre Entscheidungen im Rahmen der Aufstellung und des Vollzugs von Wirtschaftsplänen wirtschaftspolitische Gegenaktionen der Träger der Wirtschaftspolitik auslösen können, sofern diese Entscheidungen gesamtwirtschaftlich relevant sind *(Makrodezisionen* nach *Perroux),* wie etwa Tariferhöhungen der Eisenbahnen, Prämienerhöhungen in der sozialen Krankenversicherung, Preissteigerung in Schlüsselindustrien u. a. m. Der aus diesem Unsicherheitsfaktor resultierende Unsicherheitsbeitrag für das jeweilige wirtschaftspolitische Programm wird also maßgeblich durch den Grad der *Programminkonformität* des Verhaltens der Wirtschaftssubjekte bestimmt.

Der letzte Unsicherheitsfaktor schließlich, den wir in unserem begrenzten Überblick erwähnen müssen, ist der bereits verschiedentlich behandelte *Informationsmangel,* sowohl hinsichtlich des Tatsachenwissens (Informations- und Beobachtungshorizont), wie auch der modelltheoretischen Werkzeuge und Planungsinstrumente. Der Unsicherheitsbeitrag dieses Faktors bestimmt sich im wesentlichen nach dem Ausmaß der Verengung und/oder Verkürzung des Informations- bzw. Beobachtungshorizontes sowie des Modell- bzw. Planungshorizontes.

Die aus diesen und anderen Faktoren resultierende Unsicherheitssituation des jeweiligen Trägers der Wirtschaftspolitik zeigt weitgehende Ähnlichkeit mit der Situation eines Kartenspielers, der mit einer Vielzahl von Alternativen seiner Mitspieler rechnen muß. Ebenso wie diesen zwingt die Unsicherheit die jeweiligen Subjekte der Wirtschaftspolitik zur Errichtung eines *strategischen Operationsplanes* und eines *taktischen Ausführungsplanes* für seine jeweilige Maßnahmenkombination, wobei wir unter letzterem die näheren *Modalitäten* von Aktionen, Gegenaktionen bzw. Reaktionen und Gegenreaktionen verstehen, die bei der jeweilig gewählten Strategie zur Anwendung gelangen sollen und über die kurzfristig oder ad hoc zu entscheiden ist.

In der Regel werden sich nun je nach Unsicherheitsbeitrag der Unsicherheitsfaktoren und je nach Unsicherheitsgrad unterschiedliche Kombinationen von Strategien und taktischen Vorgehen ergeben. Die einzige Ausnahme bildet dabei die Situation vollständiger Unsicherheit mit Rücksicht auf die *Unmöglichkeit* der strategischen sowie taktischen Vorausplanung in diesem Fall. Die Problematik reduziert sich entsprechend auf die Technik des „learning by doing", d. h. auf die bereits erwähnte Methode des „Versuchs und Irrtums".

Um die Risiken aus der Unsicherheit zu reduzieren, wird man häufig die Strategie der „kleinen Schritte" mit Vorteil anwenden können, die in der Literatur auch als *Inkrementalismus oder Marginalismus* bezeichnet wird, wobei die Hauptvertreter dieser Strategie *(Lindblom, Popper)* auch aus weiteren, grundsätzlichen Überlegungen für diese Strategie plädieren. Besteht beispielsweise nur Unsicherheit über das *Ausmaß* der realisierbaren Veränderung der anvisierten Zielobjekte (auch in einer Zielkombination), nicht aber über *die Richtung,* dann können offensichtlich Risiken dadurch vermieden werden, daß in einer *zeitlichen Abfolge* von Abschnitten oder Etappen von dem jeweils realisierten Etappenziel aus eine weitere Annäherung an den für die Gesamtsequenz angestrebten Zielwert unternommen wird, bis schließlich der endgültig anvisierte Zielwert erreicht ist.

Die Strategie der „kleinen Schritte" kann aber auch in der differierenden taktischen Variante betrieben werden, daß eine Vielzahl von Instrumenten *kombiniert* mit dem Ziel eingesetzt wird, trotz sehr vorsichtiger Dosierung im Einsatz der einzelnen Instrumentvariablen zu dem angestrebten erheblichen Gesamteffekt auf die Zielvariable(n) zu gelangen. Auch bei dieser Variante soll der Unsicherheitsbereich dadurch eingeengt werden, daß die kritischen *Toleranzgrenzen*, die Gegenaktionen bzw. unerwünschte Reaktionen der übrigen wirtschaftspolitischen Mit- und Gegenspieler auslösen bzw. programminkonformes Verhalten der Wirtschaftssubjekte provozieren, möglichst nicht oder nur geringfügig überschritten werden, um so Programmpunkte zu verwirklichen, die andernfalls nur schwer oder überhaupt nicht realisierbar wären.

Hauptzielsetzung der strategischen und taktischen Bemühungen des jeweiligen wirtschaftspolitischen Organs muß es verständlicherweise sein, die Anzahl der *Handlungsalternativen* der Mit- und Gegenspieler zu reduzieren, um dadurch zu einer Einschränkung ihres Spielraumes für programminkonformes Verhalten zu gelangen. Kann ein programmkonformes Verhalten nicht durch Anreize und Sanktionen erreicht werden, so ergibt sich doch zuweilen die Möglichkeit, durch *Koalition* zu einer Neutralisierung des inkonformen Verhaltens einer Teilgruppe zu gelangen.

Schließlich können die Alternativen der Gegenspieler und damit der Unsicherheitsbereich reduziert werden, wenn der Träger der Wirtschaftspolitik glaubhaft erklärt, an einer einmal gewählten Strategie auch in Zukunft festzuhalten bzw. daß sich die wirtschaftspolitischen Mit- und Gegenspieler bzw. Marktverbände in einem *Interessenausgleich* zu einem bestimmten Verhalten verpflichten, wobei im Falle der Verhaltensverpflichtung *organisierte* Gruppen vonnöten sind und die einseitige Erklärung auch gegenüber *nicht-organisierten* Gruppen erfolgreich sein kann. Die „Konzertierte Aktion" des Bundeswirtschaftsministeriums der BRD ist eines der wichtigsten aktuellen Beispiele eines institutionalisierten Interessenausgleiches mit Kompromißcharakter, wenngleich auch die bisherigen

Erfolge außerordentlich bescheiden waren, die bisher mittels der „Konzertierten Aktion" erzielt werden konnten.

Unabhängig von den jeweiligen wirtschaftspolitischen Strategien hängt der Erfolg oder Mißerfolg der praktischen Wirtschaftspolitik von der Organisation und Technik der *Entscheidungsprozesse* insbesondere der öffentlichen Träger der Wirtschaftspolitik ab. Organisation und Technik der Entscheidgungsprozesse müssen so angelegt sein, daß Entscheidungen über den Einsatz von wirtschaftspolitischen Instrumenten *rechtzeitig,* d. h. so früh wie möglich, und daß Maßnahmen mit der notwendigen Einwirkungsbreite bzw. Einwirkungsintensität ausgewählt und beschlossen werden. In beiden Richtungen tun sich die Politiker in parlamentarischen Demokratien außerordentlich schwer, wenn ein großer Teil der Wähler vorübergehend oder auf Dauer durch die Maßnahmen wirtschaftlich benachteiligt wird wie beispielsweise bei Steuererhöhungen, Einführung neuer Steuern, Änderung der Wechselkurse usw. Die Konsequenz ist dann ein wirtschaftspolitischer *Immobilismus,* eine Politik des Zuwartens und der verpaßten Gelegenheiten evtl. kombiniert mit viel zu geringer Durchschlagskraft der Programme und Maßnahmen, kurz: eine Politik des „Zuspät und Zuwenig". In diesem Zusammenhang ist nun von seiten der Wissenschaft — verstärkt in den letzten Jahren auch in der BRD — der Vorschlag für den stärkeren Einbau von „regelgebundener Wirtschaftspolitik" gemacht worden. Mit dieser „regelgebundenen Wirtschaftspolitik" sollen bei Erreichen bestimmter quantitativer Bedingungen (gegebenenfalls auch qualitativer) wirtschaftspolitische Gegen- und Verstärkungsmaßnahmen durch die Regierung automatisch in Kraft gesetzt werden, wobei in der Regel die erwähnten Bedingungen den Charakter von statistischen *Indikatoren* der wirtschaftlichen Entwicklung haben. Der Vorteil wäre offensichtlich der Wegfall des Planungs- und Entscheidungslags und vor allem der Zwang für die

Regierung, zu handeln. Der Nachteil ist offensichtlich — und dies ist auch der maßgebliche Grund für die Vernachlässigung dieser Variante in der praktischen Wirtschaftspolitik —, daß das Parlament sich zu Gunsten der Administration mehr und mehr aus dem Prozeß des Fällens von Einzelentscheidungen ausschaltet. Funktionierende Beispiele solcher regelgebundenen Wirtschaftspolitik zeigt uns die Geld-, Kredit- und Währungspolitik des 19. Jahrhunderts unter dem Regime der Goldwährung bei Liberalität des internationalen Güter- und Zahlungsverkehrs, wobei die sogenannten „Spielregeln" der Goldwährung die zuständigen Instanzen zu entsprechender Aktivität zwangen, wenn die Gold- bzw. Golddevisenvorräte sich veränderten.

Diese regelgebundene Wirtschaftspolitik ist nicht mit wirtschaftspolitischen Regelmechanismen, etwa im Sinne der sogenannnten *Built-in-flexibility* oder anderen, kybernetikähnlichen Steuerungsverfahren zu verwechseln. Hier handelt es sich vielmehr um automatisch wirkende, wirtschaftspolitische Gegensteuerung und Korrekturmaßnahmen, wie beispielsweise das Volumenwachstum der Arbeitslosenunterstützung in Rezessionsphasen oder das überproportionale Wachstum der Steuereinnahmen in einer Boomperiode wegen progressiver Steuertarife. Dieser Gegensteuerungs- und Korrektureffekt kann bewußt und geplant durch „Formel-Flexibilität" verstärkt werden, bei der nach entsprechenden Formeln die automatisch ablaufende Gegensteuerung verstärkt oder abgeschwächt wird, wie beispielsweise die nach Formel anzuhebende Progression bestimmter Steuersätze, wenn die Konjunkturindikatoren die Übersteigerung des Booms über eine kritische Grenze hinaus anzeigen.

Da auch diese Variante der Wirtschaftspolitik, ebenso wie die vorhergehende, nur sehr begrenzte Anwendungsmöglichkeiten und geringe Realisierungschancen hat, wird nach wie vor das Haupttätigkeitsfeld der praktischen Wirtschaftspolitik der Bereich der sogenannten *diskretionären* Maßnahmen sein, so daß maßgebliche Fortschritte in der praktischen Wirtschaftspolitik nur durch die Verbesserung der Planungs- und Entscheidungstechniken zu realisieren sind, weil die diskretionäre Wirtschaftspolitik die Planungs- und Entscheidungsphase neben der anschließenden Wirkungsphase einschließt.

Einer der neuesten Versuche, die Planungs- und Entscheidungstechnik zu verbessern, ist die Anwendung der *Simulation* auf wirtschaftliche und wirtschaftspolitische Fragestellungen, wobei unter Simulation in diesem Zusammenhang nach *Klatt* Versuche an einem abstrakten, in mathematischen Symbolen ausgedrückten Modell verstanden wird, durch welches ein Ausschnitt der wirtschaftlichen Realität isomorph oder „maßstabsgerecht" gedanklich nachgebildet wird. Die umfangreichen Rechenexperimente, die bei der *digitalen* Simulation an wirtschaftspolitischen Simulationsmodellen erforderlich sind, konnten erst mit der Entwicklung leistungsfähiger elektronischer Datenverarbeitungsmaschinen (EDV) bewältigt werden, was insbesondere für den Bereich der makroökonomisch-ökonometrischen, kreislauforientierten Modelle gilt. Nach ersten Versuchen mit solchen Simulationsmodellen in den USA und in anderen Ländern, liegt nun inzwischen auch ein von *Krelle* und Mitarbeitern entwickeltes Simulationsmodell für die BRD unter der Bezeichnung „Prognosesystem" vor. Nach dem zuletzt veröffentlichten Stand (1969) setzte sich dieses Simulationsmodell aus 35 Definitions- sowie 28 Verhaltens- und 7 Extrapolationsgleichungen zusammen; Arbeiten zur Erweiterung und insbesondere Detaillierung des Modells sind im Gange, durch die selbstverständlich die Anzahl der Gleichungen erheblich vergrößert werden soll; wenngleich auch nicht beabsichtigt ist, dabei die Größenordnung einiger in den USA entwickelter und bereits verwendeter Simulationsmodelle mit mehreren Hunderten von Gleichungen zu erreichen.

Die Bezeichnung „Prognosemodell" für solche Simulationsmodelle ist leider etwas irreführend, weil mit Hilfe dieser Modelle nicht nur bedingte Prognosen (bei gegebener wirtschaftspolitischer Aktivität der Träger der Wirtschaftspolitik) für die tatsächliche gesamtwirtschaftliche Entwicklung geliefert werden sollen, sondern es soll mit Hilfe dieses Simulationsmodells den Politikern quantitativ vor Augen geführt werden, welche negativen oder positiven bzw. neutralen Auswirkungen sich für die propagierten und praktisch anvisierten wirtschaftspolitischen Zielsetzungen ergeben, wenn die im Modell enthaltenen wirtschaftspolitischen Instrumente der öffentlichen Hand, der Tarifpartner und der Bundesbank einzeln oder kombiniert eingesetzt werden. Durch Simulation werden also die wirtschaftspolitischen Aktivitätsalternativen aufgezeigt „zusammen mit den Konsequenzen, die sich jeweils für tatsächliche und mögliche Ziele der praktischen Wirtschaftspolitik ergeben. Insofern läßt das Simulationsmodell die Ziele und das Zielsystem der praktischen Wirtschaftspolitik vollständig offen i. S. strenger Wertneutralität.

Die maßgebliche Intention der Wissenschaft ist also, die Informationsbasis zu erweitern und zu verbessern, auf deren Grundlage die Politiker ihre wirtschaftspolitischen Entscheidungen über Maßnahmen und Programme zu fällen haben.

Dem gleichen Zweck dient im wesentlichen die ebenfalls in den letzten Dezennien entwickelte Cost-Benefit-Analyse, die der öffentlichen Hand durch Erweiterung und Verbesserung des Informationsniveaus die Entscheidung über die Bereitstellung bestimmter öffentlicher Güter (und Leistungen) mit Investitionscharakter im Sinne der größeren Übereinstimmung mit dem Allgemeinwohl erleichtern soll, wobei die wissenschaftliche Diskussion deutlich auf eine Erweiterung der Anwendungsmöglichkeiten der Cost-Benefit-

Analyse auch auf andere Ausgabenkategorien der öffentlichen Hand hinsteuert. Wie sich aus der Übersetzung der im angelsächsischen Sprachbereich entwickelten Untersuchungsmethode ergibt, dient die Nutzen-Kosten-Analyse der *Maximierung des volkswirtschaftlichen Netto-Ertrages* (Nutzen abzüglich der Kosten) der öffentlichen Ausgaben, insbesondere der Sachkapitalinvestitionen. Der Ursprung der Analyse liegt ganz eindeutig in der Wohlfahrtsökonomie, die in ihrer modernen Variante für die Einbeziehung von *Sozialkosten* (social costs) und *Sozialnutzen* (social benefits) sowie nicht quantifizierbaren Kosten- und Nutzengrößen (intangibles) in die Kosten-Nutzen-Analyse verantwortlich zeichnet, wodurch sie zwar an theoretischer Überzeugungskraft gewonnen hat, gleichzeitig jedoch sehr viel komplizierter geworden ist mit entsprechender Minderung ihrer Anwendungsfähigkeit für die praktische Wirtschaftspolitik.

Die Erfahrungen, die bisher mit der Nutzen-Kosten-Analyse gesammelt wurden, sind nicht sehr zahlreich und fehlen für die BRD noch vollkommen. Sie lassen den Schluß zu, daß Projekte der Wasserwirtschaft das bisher einzige Feld darstellen, in dem die Cost-Benefit-Analyse mit großem Erfolg und Vorteil für die staatliche Ausgabenplanung eingesetzt werden konnte. Die Übertragung auf andere Bereiche ist zwar versucht worden, jedoch mit sehr viel geringerem Erfolg, so daß die Meinungen über die praktische Leistungsfähigkeit der Nutzen-Kosten-Analyse weit auseinandergehen. Trotzdem muß man wohl mit *Wittmann* zugestehen, daß sie gegenwärtig „das am besten entwickelte Instrument für eine rationelle Ausgaben- bzw. Investitionspolitik des öffentlichen Sektors ist" — und die Zukunft muß zeigen, ob bestimmte Modifikationen, wie beispielsweise die Kombination von Effizienzanalyse und Cost-Benefit-Analyse zu breiteren und verbesserten Anwendungsmöglichkeiten führen wird.

Literaturverzeichnis

Allgemeine Lehrbücher

Braun, M. St., Theorie der staatlichen Wirtschaftspolitik, Leipzig-Wien 1929.

Engliš, K., Teleologische Theorie der Staatswirtschaft, Brünn 1933.

Dietze, C. v., Volkswirtschaftspolitik, Mannheim-Berlin-Leipzig 1936.

Meade, J. E., An Introduction to Economic Analysis and Policy, London 1936, 2. Aufl., London 1937.

Jessen, J., Grundlagen der Volkswirtschaftspolitik, Hamburg 1937.

Eulenburg, F., Allgemeine Volkswirtschaftspolitik, Zürich-Leipzig 1938.

Jöhr, W. A., Theoretische Grundlagen der Wirtschaftspolitik, Bd. I: Die Argumente der Wirtschaftsfreiheit, das Modell der vollkommenen Konkurrenz und seine Annnäherung an die Wirklichkeit, St. Gallen 1943.

Küng, E., Der Interventionismus. Volkswirtschaftliche Theorie der staatlichen Wirtschaftspolitik, Bern 1941.

Bresciani-Turroni, C., Einführung in die Wirtschaftspolitik, Bern 1948.

Pütz, Th., Theorie der Allgemeinen Wirtschaftspolitik und Wirtschaftslenkung, Wien 1948.

Büchner, R., Grundfragen der Wirtschaftspolitik, Berlin 1951.

Eucken, W., Grundsätze der Wirtschaftspolitik, Bern-Tübingen 1952, 2. Aufl. Tübingen und Zürich 1955.

Seraphim, H. J., Theorie der allgemeinen Volkswirtschaftspolitik, Göttingen 1955. 2., verbesserte und erweiterte Auflage, Göttingen 1963.

Tinbergen, J., Economic Policy: Principles and Design, Amsterdam 1956. Deutsche Übersetzung: Wirtschaftspolitik, Freiburg i. Br. 1968

Boulding, K. E., Principles of Economic Police, New York 1958.

Hoffmann, W. G., Allgemeine Wirtschaftspolitik. In: Handbuch der Wirtschaftswissenschaften, Bd. II Volkswirtschaft, Köln und Opladen 1959.

Giersch, H., Allgemeine Wirtschaftspolitik. Bd. I: Grundlagen, Wiesbaden 1960.

Jöhr, W. A., Wirtschaftspolitik. In: Staatslexikon, Bd. 8, Freiburg 1963.

Schiller, K., Wirtschaftspolitik. In: Handwörterbuch der Sozialwissenschaften, Bd. 12, Stuttgart, Tübingen, Göttingen 1965.

Gäfgen, G. (Hrsg.), Grundlagen der Wirtschaftspolitik, Köln 1966.

Weddigen, W., Grundzüge der Allgemeinen Volkswirtschaftspolitik, Wiesbaden 1966.

Kirschen, E. S. u. a., International vergleichende Wirtschaftspolitik, Berlin 1967.

Ortlieb, H.-D. u. Dörge, Fr.-W., Wirtschafts- und Sozialpolitik, Modellanalysen politischer Probleme, Opladen 1964, 3. Auflage 1967.

Gäfgen, G., Allgemeine Wirtschaftspolitik. In: Kompendium der Volkswirtschaftslehre, hrsg. v. Ehrlicher, W., Esenwein-Rothe, I., Jürgensen, H. und Rose, K., Bd. 2, Göttingen 1968.

Meinhold, W., Volkswirtschaftspolitik, 2. Aufl., Teil 1, München 1970.

Pütz, Th., (Hrsg.) Wirtschaftspolitik, Bd. I, Bd. III, Stuttgart 1971.

Zu Kapitel 1:

Wilbrandt, R., Das Problem der Volkswirtschaftspolitik, Stuttgart 1925.

Mises, L. v., Kritik des Interventionismus. Untersuchung zur Wirtschaftspolitik und Wirtschaftsideologie der Gegenwart. Jena 1929.

Myrdal, G., Das Zweck-Mittel-Denken in der Nationalökonomie. In: Zeitschr. f. Nat., Bd. 4 (1933), S. 305 ff.

Morgenstern, O., Die Grenzen der Wirtschaftspolitik, Wien 1934.

Weisser, G., Wirtschaftspolitik als Wissenschaft, Stuttgart 1934

Vleugels, W., Die Wirtschaftslehre als politische Ökonomie und die formale Wirtschaftstheorie, Stuttgart 1936.

Büchner, R., Wirtschaftspolitik als Wissenschaft. In: Festgabe Fritz Fleiner, hrsg. von der Rechts- und Staatswissenschaftlichen Fakultät der Universität Zürich, Zürich 1937.

Wagemann, E., Wirtschaftspolitische Strategie, Hamburg 1937.

Walker, E. R., From Economic Theory to Economic Policy, Chicago 1943 (deutsche Ausgabe: Von der Wirtschaftstheorie zur Wirtschaftspolitik, Wiesbaden 1951)

Lampe, A., Umrisse einer allgemeinen Theorie der Wirtschaftspolitik. In: Jahrb. f. Nat. u. St., Bd. 163 (1951), S. 81 ff.

Weisser, G., Politik als System aus normativen Urteilen, Göttingen 1951.

Haller, H., Wirtschaftstheorie und Wirtschaftspolitik. In: Weltw. Arch., Bd. 73 (1954 II), S. 229 ff.

Keller, P., Dogmengeschichte des wohlstandspolitischen Interventionismus, Winterthur 1955.

Jöhr, W. A. u. Singer, H. W., Die Nationalökonomie im Dienste der Wirtschaftspolitik, Göttingen 1957. 2., erweiterte Auflage, Göttingen 1964.

Morgenstern, O., Der theoretische Unterbau der Wirtschaftspolitik, Köln-Opladen 1957.

Neuhauser, G., Zur Klärung einiger Grundbegriffe der theoretischen Wirtschaftspolitik. In: Zeitschr. f. Nat., Bd. 17 (1957), S. 244 ff.

Kolms, H., Marktwirtschaft und Wirtschaftspolitik. Neuere Entwicklungen wirtschaftswissenschaftlicher Forschung, Frankfurt a. M. 1958.

Schiller, K., Neuere Entwicklungen in der Theorie der Wirtschaftspolitik, Tübingen 1958.

Willeke, E., Die Wirtschaftspolitik als Gegenstand wissenschaftlicher Betrachtung. Eine grundsätzliche Stellungnahme zur Bestimmbarkeit wirtschaftspolitischer Ziele. In: Veröffentlichungen der Wirtschaftshochschule Mannheim, Reihe 2, Heft 2, Stuttgart 1958.

Tuchtfeldt, E., Zur Theorie der Wirtschaftspolitik. Entwicklungstendenzen und Probleme. In: Jahrb. f. Sozialwiss., Bd. 4/10 (1959), Heft 2, S. 168 ff.

Schiller, K., Der Ökonom und die Gesellschaft, Stuttgart 1964.

Zu Kapitel 2:

Cassirer, E., Das Erkenntnisproblem in der Philosophie und Wissenschaft der neueren Zeit, Bd. 1 (1906), Bd. 2. (1907), Bd. 3 (1920), 3. Aufl. Bd. 1 u. 2 (1922)), 2. Aufl. Bd. 3 (1923).

Verhandlungen des Vereins für Socialpolitik in Wien 1909 (Schriften des Vereins für Socialpolitik, Bd. 132, Leipzig 1910).

Philippovich, E. v., Das Wesen der volkswirtschaftlichen Produktivität und die Möglichkeit ihrer Messung. In: Schr. d. V. f. Sp., Bd. 132, Leipzig 1910.

Pareto, V., Manuel D'Economie Politique, Deuxième Edition, Paris 1927.

Gottl-Ottlilienfeld, Fr. v., Wirtschaft und Wissenschaft, 2 Bde., Jena 1931.

Robbins, L., An Essay on the Nature and Significance of Economic Science, London 1932, 2. Aufl., London 1952.

Popper, K. R., Logik der Forschung, Wien 1935. Erw. engl. Übers.: The Logic of Scientific Discovery, London 1959.

Bergson, A., A Reformulation of Certain Aspects of Welfare Economics. In: Quart. Jour. Econ., Febr. 1938 LII, p. 310—334.

Hotelling, H., The General Welfare in Relation to Problems of Taxation and of Railway and Utility Rates. In: Econometrica, July 1938, VI, p. 242—269.

Hicks, J. R., The Foundations of Welfare Economics. In: Economic Journal, Dec. 1939, XLIX, p. 696—712.

Kaldor, N., Welfare Propositions in Economics and Interpersonal Comparisons of Utility. In: Ecnomic Journal, Sept. 1939, XLIX, p. 549—552.

Weippert, G., Vom Werturteilsstreit zur politischen Theorie. In: Weltw. Arch., Bd. 49 (1939), S. 1—100.

Hicks, J. R., The Rehabilitation of Consumers' Surplus. In: Review of Economic Studies 1940/41.

Lange, O., The Foundations of Welfare. In: Econometrica, July-Oct. 1942, X, p. 215—228.

Stigler, G. J., The New Welfare Economics. In: American Economic Review, June 1943, XXXIII, p. 355—359.

Lerner, A. P., The Economics of Control, New York 1944, Neudruck, New York 1956.

Boulding, K. E., The Economics of Peace, New York 1945.

Knight, F. H., Freedom and Reform. Essays in Economic and Social Philosophy, New York 1947.

Reder, M. W., Studies in the Theory of Welfare Economics, New York 1947.

Samuelson, P. A., Foundations of Economic Analysis, Cambridge 1947.

Bresciani-Turroni, C., Einführung in die Wirtschaftstheorie, Bern 1948.

Pütz, Th., Theorie der Allgemeinen Wirtschaftspolitik und Wirtschaftslenkung, Wien 1948.

Little, I. M. D., A Critique of Welfare Economics, Oxford 1950, 2. ed., Oxford 1957.

Peter, H., Welfare Economics. Ethik und doch Wissenschaft. In: Finanzarchiv, N. F. Bd. 12 (1950), S. 6—28.

Giersch, H., Das Problem der Objektivität des wirtschaftspolitischen Urteils und der Lösungsversuch der neueren Lehre vom wirtschaftlichen Wohlstand. In: Zeitschr. f. d. ges. St., Bd. 107 (1951), S. 247 ff.

Hensel, K. P., Das Verhältnis politischer Wissenschaft zur Politik. In: Ordo, Bd. 4 (1951), S. 3—17.

Scitovsky, T., The State of Welfare Economics. In: The American Economic Review, June 1951, XLI, p. 303—315.

Weber, M., Die Objektivität sozialwissenschaftlicher und sozialpolitischer Erkenntnis. In: Gesammelte Aufsätze zur Wissenschaftslehre, Tübingen 1951.

Boulding, K. E., Welfare Economics. In: A Survey of Contemporary Economics, Volume II, Illionois 1952, p. 1 ff.

Pigou, A. C., The Economics of Welfare, London 1920, 4. ed., 1952.

Weippert, G., Werner Sombarts Gestaltidee des Wirtschaftssystems Göttingen 1953.

Theil, H., Econometric Models and Welfare Maximization. In: Weltw. Arch., Bd. 72 (1954), S. 60 ff.

Seraphim, H. J., Theorie der allgemeinen Wirtschaftspolitik, Göttingen 1955. 2., verbesserte und erweiterte Auflage, Göttingen 1963.

Arrow, K. J., Social Choice and Individual Values, New York und London 1957.

Böhler, E., Das Werturteil in der Nationalökonomie. In: Schweiz. Zeitschr. f. Volksw. und Stat., 94. Jg. Heft 1 (1958), S. 26—47.

Jöhr, W. A., Der Kompromiß als Problem der Gesellschafts-, Wirtschafts- und Staatsethik, Tübingen 1958.

Giersch, H., Allgemeine Wirtschaftspolitik, Bd. I: Grundlagen, Wiesbaden 1960.

Schachtschabel, H. G., Der Wandel des Gerechtigkeitsbegriffes. In: Schr. d. V. f. Sp., N. F. Bd. 18, Berlin 1960, S. 59 ff.

Suranyi-Unger, Th., Die philosophischen Grundlagen wirtschaftlicher Zielsetzungen. In: Schr. d. V. f. Sp., N. F. Bd. 18, Berlin 1960, S. 95 ff.

Weippert, G., Zur Problematik der Zielbestimmung in wirtschaftspolitischen Konzeption. In: Schr. d. V. f. Sp., N. F. Bd. 18, Berlin 1960, S. 175 ff.

Willeke, E., Zur Problematik der Zielbestimmung in wirtschaftspolitischen Konzeption. In: Schr. d. V. f. Sp., N. F. Bd. 18, Berlin 1960, S. 115 ff.

Beckerath, E. v. und Giersch, H. (Hrsg.), Probleme der normativen Ökonomik und der wirtschaftspolitischen Beratung. Schr. d. V. f. Sp., NF, Bd. 29, Berlin 1963.

Hutchison, T. W., Positive Economics and Policy Objectives, London 1964.

Topitsch, E. (Hrsg.), Logik der Sozialwissenschaften, Köln-Berlin 1965.

Albert, H., Das Werturteilsproblem im Lichte der logischen Analyse. In: Grundlagen der Wirtschaftspolitik, Köln 1966.

Popper, K. R., Logik der Forschung, 3. Aufl., Tübingen 1969.

Zu Kapitel 3:

Rüstow, A., Interessenpolitik oder Staatspolitik. In: Schr. d. V. f. Sp., Bd. 187 (1933), S. 62 ff.

Hall, F. P., Government and Business, New York 1939, 3. Aufl. 1949.

Koontz, H., Government Control of Business, New York 1941.

Küng, E., Der Interventionismus. Volkswirtschaftliche Theorie der staatlichen Wirtschaftspolitik, Bern 1941.

Marbach, F., Zur Frage der wirtschaftlichen Staatsintervention. Bern o. J. (1950).

Galbraith, J. K., American Capitalism. The Concept of Countervailling Power, Boston 1952.

Gruner, E., Das Problem der wirtschaftlichen Interessenvertretung in historischer Sicht. In: Schweiz. Zeitschr. f. Volksw. u. Stat., Bd. 90 (1954).

Tinbergen, J., Centralization and Decentralization in Economic Policy, Amsterdam 1954.

Breitling, R., Die Verbände in der Bundesrepublik. Ihre Arten und ihre politische Wirkungsweise, Meisenheim am Glan 1955.

Eschenburg, Th., Herrschaft der Verbände? Stuttgart 1955.

Seraphim, H. J., Theorie der allgemeinen Volkswirtschaftspolitik, Göttingen 1955. 2., verbesserte und erweiterte Auflage, Göttingen 1963.

Willgerodt, H., Zum Problem der Wirtschaftsverbände. Zu Emil Küng: „Parteien und Verbände". In Ordo, Bd. 7 (1955), S. 257 ff.

Tinbergen, J., Economic Policy: Principles and Design, Amsterdam 1956.

Tuchtfeldt, E., Wirtschaftspolitik und Verbände. In: Hamburger Jahrb. f. Wirtschafts- u. Gesellschaftspolitik, 1. Jahr, Tübingen 1956, S. 72—84.

Werner, J., Die Wirtschaftsverbände in der Marktwirtschaft, Zürich-St. Gallen 1957.

Esenwein-Rothe, I., Willensbildung und wirtschaftspolitische Führung in der Marktwirtschaft. I. Teil: Die Beeinflußbarkeit von Willensentscheidungen privater Wirtschaftssubjekte bei dezentraler Lenkung des Wirtschaftsprozesses. In: Schr. d. V. f. Sp., N. F. Bd. 19 (1959), S. 49 ff.

Hensel, K. P., Über wirtschaftliche und wirtschaftspolitische Willensbildung und Willensverwirklichung in verschiedenen Ordnungen. In: Schr. d. V. f. Sp., N. F. Bd. 19 (1959), S. 11 ff.

Meinhold, W., Wirtschaftspolitischer Pluralismus und die Aufgaben der Koordinierung von Zielen und Mitteln. In: Schr. d. V. f. Sp., N. F. Bd. 19 (1959), S. 123 ff.

Schmölders, G., Willensbildung und wirtschaftspolitische Führung in der Marktwirtschaft. II. Teil: Die Überwindung von Widerständen der Wirtschaftssubjekte. In: Schr. d. V. f. Sp., N. F. Bd. 19 (1959), S. 103 ff.

Werner, J., Die Wirtschaftsverbände als Träger von Ordnungsfunktionen. In: Schr. d. V. f. Sp., N. F. Bd. 19 (1959), S. 147 ff.

Giersch, H., Allgemeine Wirtschaftspolitik. Bd. I: Grundlagen, Wiesbaden 1960.

Möller, H., Internationale Wirtschaftsorganisationen, Wiesbaden 1960.

Papi, G. U., Eine Theorie über das ökonomische Verhalten des Staates. In: Zeitschr. f. d. ges. St., Bd. 116, Heft 1 (1960), S. 1 ff.

Pfanzagl, G., Allgemeine Methodenlehre der Statistik, Berlin 1960.

Kirschen, E. S., Instrumente der praktischen Wirtschaftspolitik und ihre Träger. In: Grundlagen der Wirtschaftspolitik, hrsg. von G. Gäfgen, Köln und Berlin 1966, S. 274 ff.

Zu Kapitel 4:

Morgenstern, O., Wirtschaftsprognose. Eine Untersuchung ihrer Voraussetzungen und Möglichkeiten, Wien 1928.

Peter, H., Grenzen der Statistik in der Konjunkturforschung. Ein Beitrag zur Kritik der Wirtschaftsprognose. In: Veröffentlichungen der Frankfurter Gesellschaft für Konjunkturforschung, Heft 5, Bonn 1930. 2., umgearb. u. erw. Aufl.: Statistik und Theorie in den Wirtschaftswissenschaften, Stuttgart 1935.

Klein, L. R., The use of econometric models as a guide to economic policy. In: Econometrica, Vol. 15 (1947), p. 111 ff.

Theil, H., Econometric Models and Welfare Maximization. In: Weltw. Arch., Bd. 72 (1954), S. 60 ff.

Schneider, E., Einführung in die Wirtschaftstheorie, I. Teil, Theorie des Wirtschaftskreislaufs, Tübingen 1947, 13. Aufl. Tübingen 1967.

Leontief, W. W., Die Methode der Input-output-Analyse. In: Allg. Stat. Arch., Heft 2 (1952), S. 153—166.

Tinbergen, J., Einführung in die Ökonometrie, Stuttgart und Wien 1952.

Haberler, G., Prosperität und Depression. Eine theoretische Untersuchung der Konjunkturbewegungen, Bern 1948, 2., erw. Aufl. Tübingen 1955.

Seraphim, H. J., Theorie der allgemeinen Volkswirtschaftspolitik, Göttingen 1955. 2., verbesserte und erweiterte Auflage, Göttingen 1963.

Tinbergen, J., Economic Policy: Principles and Design, Amsterdam 1956.

Albert, H., Theorie und Prognose in den Sozialwissenschaften. In: Schweiz. Zeitschr. f. Volksw. und Stat., 93. Jg. (1957), S. 60—76.

Jöhr, W. A. u. Singer, H. W., Die Nationalökonomie im Dienste der Wirtschaftspolitik, Göttingen 1957. 2., erweiterte Auflage, Göttingen 1964.

Werner, J., Die Wirtschaftsverbände in der Marktwirtschaft, Zürich-St. Gallen 1957.

Colm, G., Economic projections: tools of economic analysis and decision making. In: The American Economic Review, 48, 2 (1958), S. 385—395.

Kneschaurek, F., Die volkswirtschaftlichen Gesamtrechnungen als Mittel der Wirtschaftsanalyse und Wirtschaftspolitik. Die nationale Buchführung, Zürich und St. Gallen 1958.

König, H., Die volkswirtschaftliche Gesamtrechnung als Instrument der Wirtschaftspolitik. In: Zeitschr. f. d. ges. St., Bd. 114, Heft 3 (1958), S. 385—395.

Krelle, W. u. a., Ein Prognosesystem für die Bundesrepublik Deutschland, Meisenheim a. G., 1969.

Rothschild, K. W., Wirtschaftsprognose, Methoden und Probleme, Berlin—Heidelberg—New York 1969.

Giersch, H., Allgemeine Wirtschaftspolitik. Bd. I: Grundlagen, Wiesbaden 1960.

Merton, R. K., Die Eigendynamik gesellschaftlicher Voraussagen. In: Logik der Sozialwissenschaften, hrsg. v. E. Topitsch, Köln-Berlin 1965, S. 144 ff.

Zu Kapitel 5:

Heimann, E., Entwicklungsgang der wirtschafts- und sozialpolitischen Systeme und Ideale. Grundriß der Sozialökonomik, I. Abt. 1. Teil, 2. Aufl., Tübingen 1924.

Mombert, P., Soziale und wirtschaftspolitische Anschauungen in Deutschland vom Beginn des 19. Jahrhunderts bis zur Gegenwart, 2. Aufl., Leipzig 1928.

Tinbergen, J., Econometric Business Cycle Research. In: Review of Economic Studies. Vol. VII (1939/40), S. 74/75.

Müller-Armack, A., Genealogie der Wirtschaftsstile, Stuttgart 1944.

Bresciani-Turroni, C., Einführung in die Wirtschaftspolitik, Bern 1948.

Pütz, Th., Theorie der Allgemeinen Wirtschaftspolitik und Wirtschaftslenkung, Wien 1948.

Weisser, G., Politik als System aus normativen Urteilen, Göttingen 1951.

Eucken, W., Grundsätze der Wirtschaftspolitik, Bern-Tübingen 1952, 2. Aufl., Tübingen und Zürich 1955.

Scitovsky, T., Welfare and Competition. The Economics of a fully employed Economy, London 1952, 2. Aufl. 1958.

Weisser, G., Die Überwindung des Ökonomismus. In: Grundsatzfragen der Wirtschaftsordnung, Berlin 1954.

Seraphim, H. J., Theorie der allgemeinen Volkswirtschaftspolitik, Göttingen 1955. 2., verbesserte und erweiterte Auflage, Göttingen 1963.

Tinbergen, J., Economic Policy: Principles and Design, Amsterdam 1956.

Jöhr, W. A. u. Singer, H. W., Die Nationalökonomie im Dienste der Wirtschaftspolitik, Göttingen 1957. 2., erweiterte Auflage, Göttingen 1964.

Welter, E., Ziele der Wirtschaftspolitik. In: Wirtschaftsfragen der freien Welt, Frankfurt a. M. o. J. (1957), S. 22 ff.

Albert, H., Das Ende der Wohlfahrtsökonomik. Die Überwindung des Ökonomismus durch logische Analyse der ökonomischen Sprache. In: Gewerkschaftl. Monatshefte, 9. Jahrg. (1958), Heft 1, S. 33 ff.

Jöhr, W. A., Der Kompromiß als Problem der Gesellschafts-, Wirtschafts- und Staatsethik, Tübingen 1958.

Schiller, K., Neuere Entwicklungen in der Theorie der Wirtschaftspolitik, Tübingen 1958.

Tuchtfeldt, E., Zur Theorie der Wirtschaftspolitik. Entwicklungstendenzen und Probleme. In: Jahrb. f. Sozialwiss., Bd. 4/10 (1959), Heft 2, S. 168 ff.

Giersch, H., Allgemeine Wirtschaftspolitik. Bd. I: Grundlagen, Wiesbaden 1960.

Schachtschabel, H. G., Der Wandel des Gerechtigkeitsbegriffes. In: Schr. d. V. f. Sp., N. F. Bd. 18, Berlin 1960, S. 59 ff.

Suranyi-Unger, Th., Die philosophischen Grundlagen wirtschaftspolitischer Zielsetzungen. In: Schr. d. V. f. Sp., N. F. Bd. 18, Berlin 1960, S. 95 ff.

Weippert, G., Zur Problematik der Zielbestimmung in wirtschaftspolitischen Konzeptionen. In: Schr. d. V. f. Sp., N. F. Bd. 18, Berlin 1960, S. 175 ff.

Willeke, E., Zur Problematik der Zielbestimmung in wirtschaftspolitischen Konzeptionen. In: Schr. d. V. f. Sp., N. F. Bd. 18, Berlin 1960, S. 115 ff.

Kirschen, E. S., Ziele der praktischen Wirtschaftspolitik. In: Grundlagen der Wirtschaftspolitik, hrsg. v. G. Gäfgen, Köln 1966, S. 237 ff.

Preiser, E., Wirtschaftspolitik heute. Grundprobleme der Marktwirtschaft, München 1967.

Schneider, H. K., Zielbestimmung für die Wirtschaftspolitik in der pluralistischen Gesellschaft. In: Besters, H. (Hrsg.), Theoretische und institutionelle Grundlagen der Wirtschaftspolitik, Th. Wessels zum 65. Geburtstag, Berlin 1967.

Melchor, F., Ziel — Mittel — Konflikte als Problem der Wirtschaftspolitik, Berlin 1970.

Knips, W., Die Problematik wirtschaftspolitischer Zielkonflikte, Tübingen 1970.

Zu Kapitel 6:

Mises, L. v., Interventionismus. In: Archiv für Sozialwissenschaft und Sozialpolitik, Bd. 56 (1926).

Preiser, E., Wesen und Methoden der Wirtschaftslenkung. In: Finanzarchiv, N. F. Bd. 8 (1941), S. 225 ff.

Pütz, Th., Theorie der Allgemeinen Wirtschaftspolitik und Wirtschaftslenkung, Wien 1948.

Stackelberg, H. v., Möglichkeiten und Grenzen der Wirtschaftslenkung. In: Ordo, Bd. 2 (1949).

Vierkandt, A., Gesellschaftslehre (1928), 2. Aufl., Stuttgart 1949.

Eucken, W., Grundsätze der Wirtschaftspolitik, Bern-Tübingen 1952, 2. Aufl., Tübingen und Zürich 1955.

Tinbergen, J., On the Theory of Economic Policy, Amsterdam 1952.

Hensel, K. P., Einführung in die Theorie der Zentralverwaltungswirtschaft, Stuttgart 1954.

Hansen, B., The Economic Theory of Fiscal Policy, London 1958. (Orig.: Finanzpolitikans ekonomiska teori, Stockholm 1955).

Küng, E., Interventionismus. In: Handwörterbuch der Sozialwissenschaften, 9. Lieferung, Stuttgart-Tübingen-Göttingen 1955, S. 325 ff.

Seraphim, H. J., Theorie der allgemeinen Volkswirtschaftspolitik, Göttingen 1955. 2., verbesserte und erweiterte Auflage, Göttingen 1963.

Jöhr, W. A. u. Singer, H. W., Die Nationalökonomie im Dienste der Wirtschaftspolitik, Göttingen 1957. 2., erweiterte Auflage, Göttingen 1964.

Schmölders, G., Ökonomische Verhaltensforschung, Köln und Opladen 1957.

Tuchtfeldt, E., Das Instrumentarium der Wirtschaftspolitik. Ein Beitrag zu seiner Systematik. In: Hambg. Jahrb. für Wirtschafts- und Gesellschaftspolitik, 2. Jahr, Tübingen 1957, S. 52—64.

Weisser, G., Appell und Aufklärung als Mittel der Wirtschaftslenkung und der Politik überhaupt. In: Wirtschaftsfragen der freien Welt. Frankfurt a. M. o. J. (1957), S. 271 ff.

Kirschen, E. S., Instrumente der praktischen Wirtschaftspolitik und ihre Träger. In: Grundlagen der Wirtschaftspolitik, hrsg. von G. Gäfgen, Köln und Berlin 1966, S. 274 ff.

Krüger, R., Das wirtschaftspolitische Instrumentarium. Einteilungsmerkmale und Systematisierung, Berlin 1967.

Zu Kapitel 7:

Mises, L. v., Liberalismus, Jena 1927.

Röpke, W., Staatsinterventionismus. In: Erg.-Bd. d. Handw. d. Staatswiss., 4. Aufl., Jena 1929, S. 186 ff.

Ritschl, H., Gemeinwirtschaft und kapitalistische Marktwirtschaft. Zur Erkenntnis der dualistischen Wirtschaftsordnung, Tübingen 1931.

Rüstow, A., Diskussionsbeitrag auf der Tagung des Vereins für Socialpolitik in Dresden 1932. In: Schriften des Vereins für Socialpolitik, Bd. 187 (1933), S. 62 ff.

Neumark, F., Neue Ideologien der Wirtschaftspolitik, Leipzig-Wien 1936.

Röpke, W., Die Lehre von der Wirtschaft, Wien-Berlin 1937, 6. Aufl., Erlenbach-Zürich 1951.

Eulenburg, F., Allgemeine Volkswirtschaftspolitik, Zürich-Leipzig 1938.

Eucken, W., Grundlagen der Nationalökonomie, Jena 1940, 7. Aufl., Berlin, Göttingen und Heidelberg 1959.

Preiser, E., Wesen und Methoden der Wirtschaftslenkung. In: Finanzarchiv, N. F. Bd. 8 (1941), S. 225 ff.

Hayek, F. A., The Road to Serfdom, London und Chicago 1944, (deutsch: Der Weg zur Knechtschaft, Zürich 1946, 3. Aufl. 1952).

Jöhr, W. A., Das Modell der vollkommenen Konkurrenz. Seine Funktion und seine Stellung in der Nationalökonomie. In: Konkurrenz und Planwirtschaft, Bern 1946.

Pütz, Th., Theorie der Allgemeinen Wirtschaftspolitik und Wirtschaftslenkung, Wien 1948.

Jöhr, W. A., Das Problem der Wirtschaftsordnung. In: Individuum u. Gemeinschaft. Festschrift zur Fünfzigjahrfeier der Handels-Hochschule St. Gallen, St. Gallen 1949.

Meade, J. E., Planung und Preismechanismus, Bern und Tübingen 1951.

Eucken, W., Grundsätze der Wirtschaftspolitik, Bern-Tübingen 1952, 2. Aufl., Tübingen und Zürich 1955.

Röper, B., Die Konkurrenz und ihre Fehlentwicklungen, Berlin 1952.

Schiller, K., Aufgaben und Versuche zur neuen Ordnung von Gesellschaft und Wirtschaft, Hamburg 1953.

Ritschl, H., Die Grundlagen der Wirtschaftsordnung. Gesammelte Aufsätze zur Lehre von der Wirtschaftsordnung, Tübingen 1954.

Seraphim, H. J., Theorie der allgemeinen Volkswirtschaftspolitik, Gottingen 1955. 2., verbesserte und erweiterte Auflage, Göttingen 1963.

Thalheim, K. C., Zum Problem der Einheilichkeit der Wirtschaftspolitik. In: Festgabe für Georg Jahn, hrsg. von Muhs, K., Berlin 1955, S. 578 ff.

Frei, P. (Hrsg.), Wirtschaftssysteme des Westens, Basel-Tübingen 1957-1959.

Maier, K. F., Transformation der Wirtschaftsordnung. In: Wirtschaftsfragen der freien Welt, Frankfurt a. M. o. J. (1957), S. 151 ff.

Morgenstern, O., Der theoretische Unterbau der Wirtschaftspolitik, Köln-Opladen 1957.

Pütz, Th., Die wirtschaftspolitische Konzeption. In: Wirtschaftsfragen der freien Welt. Hrsg. von Beckerath, E. v., Meyer, F. W. u. Müller-Armack, A., Frankfurt a. M. o. J. (1957), S. 42 ff.

Giersch, H., Allgemeine Wirtschaftspolitik. Bd. I: Grundlagen, Wiesbaden 1960.

Tuchtfeldt, E., Zur Frage der Systemkonformität wirtschaftspolitischer Maßnahmen. In: Schr. d. V. f. Sp., N. F. Bd. 18, Berlin 1960, S. 203 ff.

Zu Kapitel 8:

Sombart, W., Die Ordnung des Wirtschaftslebens, 2. Aufl., Berlin 1927.

Helander, S., Die innere Geschlossenheit des wirtschaftspolitischen Systems. In: Economic Essays in Honour of Gustav Cassel, London 1933.

Schumpeter, G., Capitalism, Socialism and Democracy, New York 1942 (deutsch: Kapitalismus, Sozialismus und Demokratie, Bern 1946).

Müller-Armack, A., Wirtschaftslenkung und Marktwirtschaft, Hamburg 1948.

Popper, K. R., The open society and its enemies, Princeton 1950.

Müller-Armack, A., Stil und Ordnung der sozialen Marktwirtschaft. In: Lagler—Messner, Wirtschaftliche Entwicklung und Soziale Ordnung, Wien 1952.

Dürr, E. W., Wesen und Ziele des Ordoliberalismus, Winterthur 1954.

Suranyi-Unger, Th., Comparative Economic Systems, New York (chin. Übers. Hong Kong 1958).

Ortlieb, H. D., (Hrsg.), Wirtschaftsordnung und Wirtschaftspolitik ohne Dogma, Hamburg 1954.

Müller-Armack, A., Soziale Marktwirtschaft. In: Handwörterbuch der Sozialwissenschaften, 6. Lieferg. S. 390—392, Tübingen 1954.

Preiser, E., Die Zukunft unserer Wirtschaftsordnung, Probleme und Möglichkeiten, 2. Aufl., Göttingen 1955.

Schiller, K., Sozialismus und Wettbewerb, Hamburg 1955.

Seraphim, H. J., Kritische Bemerkungen zur Begriffs- und Wesensbestimmung der sozialen Marktwirtschaft. In: Wirtschaftsfragen der freien Welt, Frankfurt a. M. o. J. (1957).

Molitor, B., Soziale Marktwirtschaft. In: Hambg. Jahrb. f. Wirtsch.- und Gesellschaftspolitik, 3. Jahr (1958), S. 57 ff.

Giersch, H., Allgemeine Wirtschaftspolitik. Bd. I: Grundlagen, Wiesbaden 1960.

Halm, G. N., Wirtschaftssysteme. Eine vergleichende Darstellung, Berlin 1960.

Neuhauser, G., Die wirtschaftspolitische Konzeption als Problem der theoretischen Wirtschaftspolitik. In: Schr. d. V. f. Sp., N. F. Bd. 18, Berlin 1960, S. 23 ff.

Pütz, Th., Die wirtschaftspolitische Konzeption in: Schr. d. v. f. Sp., N. F. Bd. 18, Berlin 1960, S. 9 ff.

Kleps, K., Zur Konkurrenz wirtschaftspolitischer Konzeptionen in der Europäischen Wirtschaftsgemeinschaft. In: Ordo, Jb. f. d. Ordnung von Wirtschaft und Gesellschaft, Bd. XV/XVI, 1965.

Faxén, K.-O., Ein Makromodell zur Bestimmung der wirtschaftspolitischen Strategie unter Ungewißheit. In: Gäfgen, G. (Hrsg.), Grundlagen der Wirtschaftspolitik, Köln 1966, S. 419 ff.

Kleps, K., Langfristige Wirtschaftspolitik in Westeuropa. Freiburg i. Br. 1966.

Lindblom, Ch. E., Zur Analyse-Methode in der staatlichen Wirtschaftspolitik. In: Gäfgen, G. (Hrsg.), Grundlagen der Wirtschaftspolitik, Köln 1966, S. 320—337.

Bombach, G., Taktik und Strategie in der Wirtschaftspolitik. In: Kyklos, Bd. XX, Fasc. 1, 1967, S. 109—118.

Jochimsen, R., Strategie der wirtschaftspolitischen Entscheidung. In: Weltw. Arch., Bd. 99 (1967 II), S. 52—78.

Kloten, N., Utopie und Leitbild im wirtschaftspolitischen Denken. In: Klykos, Vol. XX, 1967, Fasc. I, S. 331 ff.

Schachtschabel, H. G., Wirtschaftspolitische Konzeptionen, Stuttgart 1967.

Tuchtfeldt, E., Planung, Entscheidung und Durchführung als Phasen der Wirtschaftspolitik. In: Festschrift für H. Ronsbach, Freiburg 1967.

Klaus, J., Makroökonomische Wahlhandlungen. Modellüberlegungen zur Darstellung wirtschaftspolitischer Entscheidungen und Zielkonflikte. In: Zeitschr. f. d. ges. St., Bd. 123, 1967.

Schneider, E. (Hrsg.), Rationale Wirtschaftspolitik und Planung in der Wirtschaft von heute. In: Schr. d. V. f. Sp., N. F. Bd. 45, Berlin 1967.

Gäfgen, G., Theorie der wirtschaftlichen Entscheidung, Untersuchungen zur Logik und ökonomischen Bedeutung des rationalen Handelns, 2. Auflage, Tübingen 1968.

Schlecht, O., Konzertierte Aktion als Mittel der Wirtschaftspolitik, Tübingen 1968.

Schmahl, H. J., Globalsteuerung der Wirtschaft, Hamburg 1970.

Wittmann, W., Einführung in die Finanzwissenschaft, I. Teil, Stuttgart 1970.

Klatt, S., Experimente in Wirtschaft und Gesellschaft. In: Hambg. Jahrb. f. Wirtsch.- und Gesellschaftspolitik, 15. Jahr (1970), S. 84—100.

Recktenwald, H. C., Die Nutzen-Kosten-Analyse, Entscheidungshilfe der Politischen Ökonomie, Tübingen 1971.

Namenverzeichnis

Hervorhebung der Zitationen im Textteil durch *Kursivdruck* der Seitenzahlen

Albert, H. 166, 167, 168
Arrow, K. J. 165

Beckerath, E. v. 166
Bergson, A. 165
Bombach, G. 172
Böhler, E. 166
Boulding, K. E. 163, 165
Braun, M. St. 163
Breitling, R. 166
Bresciani-Turroni, C. 163, 165, 168
Büchner, R. 163, 164

Cassirer, E. 164
Colm, G. 167

Dietze, C. v. 163
Dörge, Fr.-W. 163
Dürr, E. W. 171

Engliš, K. 163
Eschenburg, Th. 166
Esenwein-Rothe, I. 166
Eucken, W. *121*, *122*, *131*, *134*, *140*, 163, 168, 169, 170
Eulenburg, F. 163, 170

Faxen, K.-D. 171
Frei, P. 170

Galbraith, J. K. 166
Gäfgen, G. 163, 172
Giersch, H. 163, 165, 166, 167, 168, 169, 171
Gottl-Ottilienfeld, Fr. v. 164
Gruner, E. 166
Haberler, G. 167
Hall, F. P. 166
Haller, H. 164
Halm, G. N. 171
Hansen, B. *104*, *125*, 169
Hayek, F. A. *120*, 170
Heimann, E. 168
Helander, S. 171
Hensel, K. P. 165, 167, 169
Hicks, J. R. 165
Hoffmann, W. G. 163
Hotelling, H. 165
Hutchinson, T. W. 166

Jessen, J. 163
Jochimsen, R. 172

Jöhr, W. A. *142*, 163, 164, 166, 167, 168, 169, 170

Kaldor, N. 165
Keller, P. 164
Kirschen, E. S. 163, 167, 170
Klatt, S. *160*, 172
Klaus, J. 172
Klein, L. R. 167
Kleps, K. 171
Kloten, N. 172
Kneschaurek, F. 168
Knight, F. H. 165
Knips, W. 169
Kolms, H. 164
König, H. 168
Koontz, H. 166
Krelle, W. *160*, 168
Krüger, R. 170
Küng, E. 163, 166, 169

Lampe, A. 164
Lange, O. 165
Leontief, W. W. 167
Lerner, A. P. 165
Lindblom, Ch. E. *156*, 171
Little, J. M. D. *36*, 165

Maier, K. F. 170
Marbach, F. 166
Meade, J. E. 163, 170
Meinhold, W. 163, 167
Melchor, F. 169
Merton, R. K. 168
Mises, L. v. *120*, *133*, 163, 170
Molitor, B. 171
Möller, H. 167
Mombert, P. 168
Morgenstern, O. 164, 167, 170
Müller-Armack, A. *140*, 168, 171
Myrdal, G. 164

Neuhauser, G. 164, 171
Neumark, F. 170

Ortlieb, H.-D. 163, 171

Papí, G. U. 167
Pareto, V. 164
Paulsen, A. *54*
Perroux, F. *155*

Peter, H. 165, 167
Pfanzagl, G. 167
Philippovich, E. v. 164
Pigou, A. C. *35*, 165
Popper, K. R. *156*, 165, 166, 171
Preiser, E. 169, 170, 171
Pütz, Th. *9*, *94*, *125*, *138*, *142*, *143*, *144*, 163, 165, 168, 169, 170, 171

Rau, H. 7
Recktenwald, H. C. 172
Reder, M. W. *36*, 165
Ritschl, H. *27*, 170
Robbins, L. 164
Rothschild, K. W. 168
Röper, B. 170
Röpke, A. *120*, 170
Rüstow, A. 166, 170

Samuelson, P. A. 165
Schachtschabel, H. G. *138*, 166, 169, 172
Schiller, K. 163, 164, 168, 170, 171
Schlecht, O. 172
Schmahl, H. J. 172
Schmölders, G. 167, 169
Schneider, E. 167, 172
Schneider, H. K. 169
Schumpeter, J. A. 170
Scitovsky, T. *36*, 165, 168
Seraphim, H. *8*, *41*, 163, 165, 166, 167 168, 169, 170, 171
Singer, H. W. 164, 167, 168, 169
Sombart, W. 171
Stackelberg, H. v. 169
Stigler, G. J. 165
Suranyi-Unger, Th. 166, 169, 171

Thalheim, K. C. *130*, 170
Theil, H. 165, 167
Tinbergen, J. *39*, *56*, *63*, *66*, *111*, 163, 166, 167, 168, 169
Topitsch, E. 166
Tuchtfeldt, E, *126*, *127*, 164, 166, 169, 171, 172

Vierkandt, A. *118*, 169
Vleugels, W. 164
Wagemann, E. 164
Walker, E. R. 164
Weber, M. *28*, *34*, 165
Weddigen, W. 163
Weippert, G. 165, 166, 169
Weisser, G. 164, 168, 170
Welter, E. 168
Werner, J. 166, 167
Wilbrandt, R. 163
Willeke, E. 164, 166, 169
Willgerodt, H. 166
Wittmann, W. *162*, 172

Sachverzeichnis

Kursiv gedruckte Zahlen weisen auf die Definitionen hin

Ablaufpolitik 145
Absorptionsfähigkeit des Wirtschaftssystems 110, 128
Abstraktion, abnehmende — zunehmende 27
Ankündigungseffekt 111
Anpassungsintervention 132
Anpassungsreaktion 75, 93 f., 110
Aufklärungsfunktion des Wirtschaftswissenschaftlers 32 f
Ausgabenplanung, staatliche 162

Basiswerte, soziale 69
Beobachtungshorizont 155
Beschäftigung, Beschäftigungspolitik 10, 66, 67 f., 89, 116, 143, *144*
Built-in-Flexibility 159

Cost-Benefit-Analyse 161 f

Dämpfungspolitik 150
Daten 65, 94 ff.
— konstante 65
— variable 65
— Plandaten 94 ff.
— Orientierungsdaten 148
Delegation wirtschaftspolitischer Entscheidungen 45
Dezisionsmodelle: vgl. Entscheidungsmodelle
Dirigismus 136, 149

Effizienz der praktischen Wirtschaftspolitik 82
Effizienzquotient 111
Eigenwirtschaftliche Aktivtät der öffentlchen Hand 12
Einkommenspolitik 97, 144
Einkommensverteilung und Wohlstandsmaximum 36
Einkommensverteilungseffekt wirtschaftspolitischer Maßnahmen 37
Elastizitäten 54, 66
Entscheidungsmodell, wirtschaftspolitisches 82, 99
Entscheidungsprozesse, Organisation und Technik der 158
Entscheidungstheorie 61, 153
Erfahrungsobjekt 19, 20, 23
— der Wirtschaftspolitik 23
— der Wirtschaftstheorie 23
Erhaltungsintervention 132
Erkenntnisobjekt 20

Fiskalpolitik 113, 116, *145*, 146
Flexibilität der Wirtschaftspolitik 152
Formel-Flexibilität 159
Funktionen, öffentliche 18
Funktionsanalyse 24

Geldwertstabilität 66, 71, 78, 87
Gesellschaftsordnung, Bedeutung für die Wirtschaftspolitik 44
Globalpolitik 10, 88
Grundlagenwissenschaft, allgemeine Volkswirtschaftspolitik als 8
Handlungsalternativen 154, 157
Haushaltspläne 18
Horizontverkürzung 83
Horizontverengung 83

Information 60 f., 155
— unvollständige 60, 155
— Entscheidung bei unvollständiger 60
— vollkommene 61
Informationshorizont 155
— Begrenzung 61
— sachliche Verengung 61
— zeitliche Verengung 61
Infrastrukturpolitik 19
Input-Output-Analyse 54, 94
Instrumente der Wirtschaftspolitik 31, 56, 69, 82, 88 ff., 99 ff.
— — — autonome — nicht autonome 104 ff.
— — — kontrollierbare — siehe autonome
— — — ordnungskonforme — ordnungsinkonforme 122 f.
— — — quantitative 99 f.
— — — qualitative 99 f.
— — — Systemkonformität 107, *119 f.*, 124, 141, 143
— — — formale Systemkonformität 125 ff.
— — — materielle Systemkonformität 125 ff.
— — — Variationsfähigkeit 108, 117 f.
— — — Wirkungsgrad 106 f.

Instrumentarium der Wirtschaftspolitik 31
Instrumentsachverhalt 104
Instrumentvariable 104 f.
Interdependenzproblematik 17
Interventionismus, wirtschaftspolitischer 119, 136, 139
Investitionen öffentl. Unternehmen 18
— des öffentlichen Sektors 162

Kausalketten 76 ff.
— Verknüpfung der Ziele durch 76 ff.
Kompetenz 40 f., 50 f.
— der Träger der Wirtschaftspolitik 50 f.
— faktische 40 f., 50
— formale 40 f., 50
Kompromiß 33, 81, 142 f.
— als Wesensbestandteil der praktischen Wirtschaftspolitik 33, 142
Konformitätsgrade wirtschaftspolitischer Instrumente 130 ff.
Konformitätsproblematik 135
Konjunkturpolitik 108 f., 116, 144, 150
Konsum 14, 66
Konzeptionen, wirtschaftspoltische 135 ff., 139 f.
— Leitbildfunktion 135, 140 f.
— propagandistische Funktion 139
— praktische Verwendungsfähigkeit 139
Konzertierte Aktion 49, 157
Kooperation der öffentlichen Träger der Wirtschaftspolitik 105
Koordination der wirtschaftspolitischen Aktivität 48 ff.

Lag-Phänomen 151
— recognition-lag 151
— administrative-lag 151
— operational-lag 151
Macht als Voraussetzung für die Durchführung der Wirtschaftspolitik 40, 46, 118
Makrodezisionen 155, 165
Makropolitik 10, 146
Marginalismus bzw. Inkrementalimus 156
Markt 11 f.
— beeinflussung 148
— information 66
— intervention 148
— konformität 120, 123
— regulierung 148
— wirtschaft 11, 122 ff. 136, 140
— - soziale 121, 136, 140
— - konstituierende Prinzipien 121
— - regulierende Prinzipien 121
Maßnahmen, wirtschaftspolitische 17, 89 ff.
— - Dosierung 110
— - diskretionäre 160
— - Generelle — spezielle 112
— - korrigierende 147
— - makroökonomische — mikroökonomische Ansatzpunkte 93 ff., 106
— - qualitative 104
— - quantitative 104, 114
— - Systemkonformität 92
— - Wirkungsmechanismus 93
— - Zielkonformität 92, *107 ff.*, 119 f., 141, 143
Mesopolitik 9
Methode des Versuchs und Irrtums; siehe auch Marginalismus 156
Mikropolitik 146
Mittel, wirtschaftspolitische 25, 69 ff., 79, 82 f., *88 ff.*
— - erlaubte — nicht erlaubte 125 f.
— - führende — zwingende 125 f.
— - ordnungsneutrale 122
— - systemneutrale *130*, 132
— - systemnotwendige 130 f.
— - systemverbessernde 130 f.
— - systemverschlechternde 130, 132
— - systemzerstörende 130, *133 f.*
— - Zweck-Mittel-Analyse 25
Mittelanalyse 83
Mitteleinsatz (siehe auch Maßnahmen) 25, 92, 111, 132
— qualitativ — quantitativ Aspekte des -es 108, 109 f.
— Verursachungsaspekte 108, 115 ff.
— Zeitaspekte 108 f.
Mittelsachverhalt 93, 112
Modellhorizont 61
Modellkonformität 123
Motivbeeinflussung 97

Negation 86
Nutzen-Kosten-Analyse vgl. Cost-Benefit-Analyse
Nutzenvergleich, interpersoneller 37
New Deal 136

Objektivität teleologischer Aussagen 34 ff.
Objektivität der wirtschaftspolitischen Aussagen 28 ff.
öffentliche Güter 19

Ökonometrie, Bedeutung für die Wirtschaftspolitik 53
Ordnungskonformität 121
Organe der Wirtschaftspolitik 17

Parameter 100
Partialpolitik als spezielle Volkswirtschaftspolitik 9, 47
Pfeilschema 76 ff.
Phasen der Wirtschaftspolitik *38 ff.*, 62
— — - Durchführungsphase 39 f.
— — - Entscheidungsphase 39 ff.
— — - Planungsphase 39 f., 62
Plan, Planung 14 ff., 19, 95 ff., 147 ff.
Plan
— daten 94 ff.
— ebene 96
— elemente 95 f.
— verhalten 98, 110 f.
— ziele 11, 96 ff.
—Ausführungsplan, taktischer 155
— Operationsplan, strategischer 155
Planification 136, 147
Planung 48 f., 147 ff.
— als Koordinationsinstrument 48
— imperative 147 ff.
— indikative 147 ff.
— informative 147 ff.
— Detailplanung 148
— Globalplanung 147 f.
— Orientierungsplanung 49
— Richtplanung (siehe auch Orientierungsplanung) 49
Präferenz 62, 63, 86 ff., 97, 145
— kollektive 63
— skala 63, *86 ff.*, 97, 145
Preispolitik 13, 25
Prinzipien, ordnungspolitische 121, 131 ff.
— - konstituierende 121, 131, 134
— - regulierende 121, 131, 134
Prognose 56 ff.
— Bedeutung für die Wirtschaftspolitik 56 ff.
— Fristigkeit 58
— Kommunikationsfähigkeit 58
— Konsistenz 58
— quantitative — qualitative 57, 58
— Verifizierbarkeit 58
— Alternativprognosen 59
— modell 161
— system 160
Programmkonformität 154 ff.
Projektion 59
Prozeßpolitik 126, 146

Rahmenpolitik 145
Raumwirtschaftspolitik bzw. Raumordnungspolitik 10, 101

Sektoren als Abschnitte der Wirtschaft 9
Sektoralpolitik 9, 88
Simulation 160
— digitale 160
— Modelle 160 f.
Situationsanalyse 51 ff.
— Grenzen 60
Situationsbezogenheit der Mittelwahl 17
Soziale Marktwirtschaft 136 f., 140
Sozialkosten (social Costs) 162
Sozialnutzen (social benefits) 162
Subjekte der Wirtschaftspolitik: siehe Träger
Systemkonformität der Instrumente 107, *119 ff.*, 124, 136, 141, 143, 149
Stabilitätsgesetz 147
Strukturpolitik 72, 146
Strategie der Wirtschaftspolitik 61 f., 153

Tätigkeit, administrative 18
Taktik der Wirtschaftspolitik 61
technischer Fortschritt 67
Teleologie 25, 34, 35, 107
Totalbetrachtung 9 f.
Träger der Wirtschaftspolitik, 17, *38 ff.*, 43, 62 f., 81, 90, 101, 104 ff., 118 f., 139 ff.
— — - gesamtwirtschaflliche — gliedwirtschaftliche 47 f.
— — - private — öffentliche 46f., 50

Unsicherheit, Entscheidung bei — (vgl. auch unvollständige Information) 83, 153 ff.
— — - sgrad 153, 156
— — - faktoren 154 ff.
— — - schwache 154
— — - vollständige 154

Variable, mehrwertige 78
Verbände 14 ff., 42, 52, 64
— Abstimmungsfunktion 65
— Aufklärungsfunktion 118
— Informationsfunktion 52
— wirtschaftspolitische 14, 17
— Berufsverbände 15
— Marktverbände 13
— Standesverbände 15

— Wirtschaftsverbände 14
Verhaltensforschung 97, 110
Volkswirtschaftliche Gesamtrechnung 54
Vollbeschäftigung 48

Wachstumspolitik 72, 87, 144 f., 146
Währungsstabilität als Ziel der Wirtschaftspolitik 48, 107
Wahlhandlungen, ökonomische 75, 96
Welfare-Theorie 34 ff.
Wertaxiome 31, 35 f.
Wertneutralität 34 ff.
— teleologischer Aussagen 34 ff.
Wertsystem, fremdbestimmtes 32
Werturteil 28 f.
— und Objektivität 28 f.
— normatives 29 f.
— ontologisches 29
— subjektives 29
— teleologisches 29 f.
Wettbewerb 66, 95, 102 f., 131, 133
Wettbewerbsintensität 66
Wirkungsanalyse 82
Wirtschaftliche Aktivität — Wirtschaftspolitische Aktivität 17
Wirtschaftliches Handeln 11, 16f.
Wirtschaftsaktivität bzw. wirtschaftliche Aktivität 11, 17 ff.
Wirtschafts-
— lenkung 150
— ordnung 19, 44 ff., 66
— ordnung, marktwirtschaftliche 19
— ordnungspolitik 179 f., *135 ff.*, 144
— pläne, siehe auch Plan, Planung 12, 15, 17, 18, 147
Wirtschaftspolitik
— Allgemeine 10 ff.
— Effizienz 151 ff.
— Elemente 141
— Flexibilität 152
— Grundsätze 152
— interventionistische 150
— konstatierende 150 f.
— Kontinuität 152
— Konzeptionen 136 ff.
— korrigierende 150
— Methoden 144 ff.
— praktische 82, 108, 147 ff.
— präventive 150 f.
— nicht präventive 150 f.
— praktische 82, 108, 147 ff.
— prophylaktische 151 f.
— qualitative 99 ff., 115
— quantitative 99 ff., 132 f.
— Rationalität 152
— regelgebundene 158
— Strategien der 61, 153 ff.
— Taktik der 61
— Verhältnismäßigkeit 152
— Vollständigkeit 152
— wissenschaftliche 19 ff., 31 f., 49, 53
wirtschaftspolitisch
— e Handlungen 11, 14
— — Abgrenzung gegen wirtschaftliches Handeln 11, 14 f.
— Lenkung 149 f.
— Orientierung 17
— Sanktionen 147
— Steuerung 147
— Globalsteuerung 148
— Steuerungsmethoden 148 f.
— es System 42 ff.
— — zentralisiertes — dezentralisiertes 42 ff.
— e Welfare-Funktion 62 ff.
— — individuelle — gesellschaftliche 63
Wirtschaftssystem 124 ff.
— Elastizität 128 ff.
Wirtschaftssubjekte 13 f., 17 f.
— kollektive 14
Wohlstandseffekte wirtschaftspolitischer Maßnahmen 36

Zahlungsbilanzgleichgewicht 48, 66 f.
Zentralisation — Dezentralisation 45
Zentralverwaltungswirtschaft 44, *122*, 123
Zielanalyse 82
Zielbündel, vgl. Zielsystem
Ziele 29, 30 ff., 62 ff.
— Antinomie *79 ff.*, 88
— außerökonomische 72 f.
— Bedeutung (relative) 83
— eindimensionale 72
— einfache 69, 71
— flexible 80
— fundamentale *68 ff.*, 83
— Harmonie *79 ff.*, 88
— Identität 84 f.
— inflexible 68
— komplexe 69, 71, 86
— kurzfristige 71
— langfristige 71
— mehrdimensionale 72
— Neutralität *79 ff.*, 88
— ökonomische — nicht ökonomische 13, 72 f.

— partielle 83 ff.
— qualitative 67 f.
— quantitative 66 ff.
— spezielle 83
— sozialpolitische 73
— Vereinbarkeit der (vgl. auch Harmonie der Ziele) 34, *79 ff.*, 83
— verteilungspolitische 73
— Widersprüchlichkeit 84, 86
— Wirkungszusammenhänge 75 ff.
— Zuordnungsverhältnis 74 ff.
— Basisziele der Wirtschaftspolitik 83 f.
— Endziele 76, 85, 113
— Etappenziele 156
— Fernziele *71*, 85
— Hauptziele *77 f.*, 102 f., 136, 142
— Nahziele 71, 85
— Nebenziele *77 f.*, 102 f.
— Ordnungsziele 66
— Planziele 11, 96
— Primärziele 97
— Prozeßziele 66
— Strukturziele 66
— Teilziele 72, 83
— Vorziele *70 f.*, 83, 85
— Zwischenziele *68 ff.*, 83
Zwischenziele, Mittel oder Instrumentalcharakter 68 ff.
Zielkatalog 65, 86, 88
Zielkonformität wirtschaftspolitischer Mittel *107 f.*, 112 ff.
— — - faktische *107 f.*, 112, 115 ff.
— — - potentielle *107 f.*, 115 f.
Zielobjekte *65 ff.*, 81
— zeitpunktbezogene 67
— zeitraumbezogene 67
— qualitative — quantitative 67
Zielproblematik 30, 33, 62 ff.
Zielsachverhalte (vgl. auch Zielobjekte) *65 ff.*, 89, 98, 107, 111 ff.
— quantitative — qualitative 67 ff.
Zielsetzung, wirtschaftspolitische 14 ff., 18, 25, 32 f., 62 ff., 142
— - dominierende 142
Zielsystem 83 ff.
Zielvariable *66 ff.*, 89, 99, 148
— Makrovariable 148
— Mikrovariable 148
Zweck-Mittelanalyse 61, 70, 74 ff., 79, 107